Zu diesem Buch

Sie wollen endlich mal wieder zusammen ins Kino gehen, organisieren einen Babysitter, doch wenn Sie die Wohnungstür hinter sich zuziehen, bricht im Kinderzimmer das große Heulen und Wehklagen aus. Die alleinerziehende Mutter will einfach mal beim neuen Lover übernachten, wenn die Tochter – wie so oft – bei der Freundin aus der Kindergruppe bleiben will. Doch dann bekommt sie plötzlich Bauchweh und verlangt Mamas ungeteilte Aufmerksamkeit...

Natürlich lieben wir sie abgöttisch, die lieben Kleinen, doch besonders einfach machen sie uns das nicht immer. Manchmal erweisen sich Kinder als tyrannische Minimonster und regelrechte Erotikkiller, sabotieren die wenigen individuellen Freiheiten, die ihren Eltern geblieben sind.

Gabriele Flessenkemper berichtet von der Alltagsfront, von den Reibereien mit dem oft reichlich egozentrischen Nachwuchs. Vätern und Müttern, die sich hin und wieder zermürbt fragen, ob denn die Liebe noch zu retten ist, soll ein wenig der Rücken gestärkt werden.

Die Autorin

Gabriele Flessenkemper, geboren 1948 in Essen, lebt in Köln und Antwerpen. Sie arbeitet als freie Autorin, neben Theater und Kabarett vor allem für Funk und Fernsehen. Sie ist «entheiratet» und hat einen erwachsenen Sohn.

Gabriele Flessenkemper

Rettet die Liebe vor den Kindern

Kleines Plädoyer
für elterlichen Egoismus

Mit Zeichnungen
von Britta Lembke

Rowohlt

Originalausgabe
Veröffentlicht im Rowohlt Taschenbuch Verlag GmbH,
Reinbek bei Hamburg, März 1994
Copyright © 1994 by Rowohlt Taschenbuch Verlag GmbH,
Reinbek bei Hamburg
Redaktion Manuela Heise
Umschlaggestaltung Barbara Hanke
und Nina Rothfos
(Illustration Britta Lembke)
Satz Sabon (Linotronic 500)
Gesamtherstellung Clausen & Bosse, Leck
Printed in Germany
1290-ISBN 3 499 19588 7

Inhalt

Vorwort

Kinder sind geräuschvoll, unverständlich,
schmutzig, frech, ungebildet, erpresserisch,
parasitär und spielen gern die armen Opfer.
Sie sind die unerwünschte Folge köstlicher
heimlicher Liebschaften, ein mehr als zehn
Jahre andauerndes Hindernis für den
häuslichen Frieden. Ich kann daher nicht
umhin, mich zu fragen, wieso man nie versucht hat, nach entsprechender Schwangerschaft gleich erwachsene menschliche Wesen
mit Führerschein (...) zustande zu bringen;
Männer und Frauen, die fähig wären, mit
Krawatte und Doppelreiher oder einem
schlichten Geburtskleid – natürlich ohne
Strumpfhose – zur Welt zu kommen.

*(Giorgio Manganelli, «Offener Brief des
König Herodes zum Jahr des Kindes»)*

Rettet die Liebe **vor** den Kindern?» fragt Anja noch einmal nach. Anja, eine berufstätige Frau, Mutter von zwei Kindern, ist seit sechzehn Jahren mit einem beständigen Mann verheiratet. «Manchmal ist da wenig zu retten. Dann ertappe ich mich in letzter Zeit öfter dabei, daß ich neidisch auf ungebundene Paare bin. Solche ohne Kinder. Die so viel Zeit für die Liebe haben, wie sie wollen.»

Und Bernd, seit einem halben Jahr Hausmann und Ganztagspapi zweier Kleinkinder, grinst: «Ich wäre so gerne manchmal ein Mann ‹ohne Anhang›. Ganz wörtlich: Kleine Kinder sind ja wie Anhänger. Sie kleben an dir dran wie Kletten.»

«Da kann ich dir viel erzählen, wie die Liebe zerstört wird durch die ständige Anwesenheit von Kindern oder auch nur von dem Gefühl davon», seufzt Charles. «Oder wie wir unsere Kinder als Waffe im täglichen Ehekrieg gebraucht haben.»

Nur ein befreundeter Psychologe schreckt zurück: «Rettet die

Liebe vor den Kindern. Das klingt so hart. Kinder sind doch die Opfer.» Nun, dies ist jetzt mal nicht das Thema.

Rettet die Liebe vor den Kindern? Ist denn die Liebe überhaupt noch zu retten? Ist sie nicht längst dahin, ein romantischer Traum, den einige Unverbesserliche noch träumen – Naive oder Gefühlsriesen (wobei es sich da meist um Gefühlsriesinnen handelt)? Eine große Illusion, die uns immer wieder paarweise zusammentreibt? Hinter der sich aber erbitterte Machtkämpfe, unglückselige Abhängigkeiten oder wechselseitige Ego- und/oder Neurosenpflege verbergen? Schrumpfen nicht angesichts all unserer kosmischen Katastrophen die privaten Belange auf Mickymausformat zusammen? Und ist Liebe und all das nicht sowieso ein Luxus weniger geworden?

Männer und Frauen, so scheint es, sind immer noch eher mit dem Geschlechterkampf beschäftigt, als neue Formen des Zusammenlebens auszuhandeln, als sich gegenseitig zuzuhören, um herauszufinden, was wir eigentlich voneinander wollen im ausgehenden zwanzigsten Jahrhundert. Das kann doch nach über zwanzig Jahren neuerer Frauenbewegung und Beziehungsdebatten nicht alles gewesen sein? Daß wir Frauen «die Männer in Ruhe» lassen oder weiterhin Therapeutin, Krankenschwester oder eben Mutter spielen. Daß die Männer sich in den ollen Rollen pudelwohl zu fühlen scheinen. Wo doch alles dafür spricht, daß die bürgerliche Kleinfamilie keinem gutgetan hat und sowieso nicht funktioniert, ebensowenig wie das Auslaufmodell Ehe. Kinder dann als letzte Sinngebung, als einzige, die die Turbulenzen überdauert. Kinder, die ihr Mütterlein nicht einsam und jenseits der Wechseljahre sitzenlassen, alldieweil Vater mit fünfundzwanzigjährigen «Jennifers» eine zweite Liebesrunde dreht.

Wenn Kinder schon die Liebe nicht erhalten, so bleiben sie doch jedenfalls übrig, wenn die Liebe zu Ende geht.

«Kinderkriegen gehört zu den letzten noch eingehbaren subjektiven Risiken», meint Barbara Sichtermann.

In der Tat. Nur weniges verändert unser Leben so sehr wie ein Kind. Trotzdem gibt es da eine seltsame Gedankenleere: Paare, die jahrelang überlegt und skrupuliert haben, ob und wie sie denn nun zusammenziehen. Ist ein Kind unterwegs, scheint die Vorstellungskraft zu erlahmen. Was passiert, wenn es da ist, wobei das ganze verdammte erwachsene Leben ja auch weitergeht, mit Arbeit und Geselligkeit, mit Lust und Leidenschaft, mit all unseren unausgegorenen Träumen und Vorstellungen?

Natürlich lieben wir sie, unsere süßen Kleinen, und besonders leicht zu lieben sind sie ja, wenn sie nett und herzig sind. Aber zuweilen lieben wir sie auch gar nicht. Da finden wir sie lästig, anstrengend und manchmal geradezu hassenswert, wie sie so penetrant auf der sofortigen Befriedigung all ihrer Bedürfnisse beharren: Wenn sie die Regeln verletzen, die wir fürs Zusammenleben solcher unterschiedlichen Spezies wie Kinder, Jugendliche und Erwachsene aufgestellt haben. Wenn Kindermund höchst schonungslos Wahrheit kundtut und uns unschmeichelhafte Tatsachen vor den Kopf knallt. Wenn der Kinderkram in Form von Spiel- und Sportsachen, von Dreck und Durcheinander, mit Lärm und Laut mehr und mehr unsere Erwachsenenwelt überwuchert. Wenn die Anwesenheit von Kindern so wirksam ist wie ein mittelalterlicher Keuschheitsgürtel: Da, wo Kinder sind, ist sexfreie Zone.

Sicher bieten Kinder den Reiz des Unvorhersehbaren. Den kann man aber auch in anderen abenteuerlichen Lebensformen finden, wenn einem danach ist. Kinder, in ihrer besonderen Unvorhersehbarkeit, sind immer da. Kinder rauben uns damit über Jahre den Schlaf, wir kriegen Falten und graue Haare vor berechtigten und überflüssigen Sorgen, sie sind undankbar und enttäuschen uns.

Nein, das soll keiner erzählen (tut aber auch niemand hier in diesem Buch), daß das Leben mit Kindern immer das pure Glück ist. Daß da nicht vor allem eines sehr schnell auf der Strecke bleiben kann, nämlich das Liebesleben der Eltern oder auch des alleinerziehenden Elternteils.

Hier kommen wahrlich keine Kinderhasser zum Zuge (höchstens mit der ein oder anderen Sentenz) oder Menschen, die mit der Spezies Kind gar nichts anzufangen wissen.

Hier geht es um eine fröhliche Demontage von Sentimentalitäten, ums Kratzen am Zuckerguß, der rosa und hellblau die heilige Dreifaltigkeit Vater – Mutter – Kind verkleistert und den Blick auf das Trio Infernale verhindert.

Hier geht's um die Leute, die mit den kleinen «halslosen Monstern» zusammenleben, ständig oder gelegentlich.

Ist die Liebe noch zu retten, wenn man mit Kindern und mit einem geliebten Partner leben will? Das war meine Frage. In den vielen Gesprächen habe ich Zitate gesammelt, keine Zahlen, keine Statistiken und also auch keine Belege oder gar Beweise in einem soziologischen oder psychologischen Sinne für welche Thesen auch immer.

Es sind beunruhigende, anregende, empörende, heilsame und unheilvolle Erfahrungen aus den Liebesgeschichten erwachsener Menschen, die mit Kindern zusammenleben, und – sozusagen im Gegenschnitt – einige Paargeschichten vom kinderlosen Liebesleben. Können sie leben, wovon Eltern nur noch träumen können? Müssen wir nicht alle neue Liebesvorstellungen entwickeln?

Ich danke meinen Gesprächspartnerinnen und -partnern, die mir so freimütig von ihren Lieben, den großen und den kleinen, und ihrer Liebe, der großen und der kleinen, erzählt haben. Für das Vertrauen und die Offenheit und für die Zeit, die sie mir geschenkt haben, allen ein großes Danke.

Gabriele Flessenkemper   *Antwerpen und Köln,*
                                          September 1993

Kind unserer Liebe
Wunschbilder am Anfang

Ich aber wollte Kinder aus
Lust am Leben

(Christiane Olivier, «Jokastes Kinder»)

*H*eirat an sich war nie etwas Erstrebenswertes für mich», sagt Franziska. «Verbindlichkeit mit einem Mann ist für mich viel mehr mit einem Kind verknüpft als mit einer Ehe.»

Franziska ist eine lebhafte, zierliche Frau, achtunddreißig Jahre alt, hübsch und sehr selbstbewußt. Sie hat es in ihrem Leben zu etwas gebracht. Zielstrebig betrieb sie ihre Karriere; mittlerweile ist sie Mitinhaberin einer erfolgreichen Werbeagentur.

Wir sitzen im Wohnzimmer ihrer schönen Eigentumswohnung. «Mir war eigentlich immer klar, daß ich ein Kind wollte. Zunächst war der Wunsch nicht konkret, weil ich mit meinem Leben, dem Studium und dann mit dem Job genug zu tun hatte. Ich mußte erst mal meinen Platz finden. Wenn ich in der Zeit schwanger geworden wäre, hätte ich das Kind nicht bekommen. Ich wollte ein Kind, aber erst zum richtigen Zeitpunkt. Mit der Ehe hatte ich es nie so. Ich hätte vielleicht in Amerika heiraten können. Da hatte ich eine tolle Affäre. Damals habe ich gedacht, jetzt fahren wir nach Mexiko, als Gag, und heiraten da. Ich habe auch immer gesagt, wenn ich heirate, dann in den ersten zwei Wochen oder überhaupt nicht. Ganz spontan. Nicht so wie diese Paare, die sich zehn Jahre lang kennen und dann auf einmal heiraten. Und dann diese Begründungen: Sicherheit, Steuer. Da kriege ich eine Gänsehaut. Der Liebesbeweis, wenn es denn darum geht, ist ein gemeinsames Kind. Das hat man wirklich sein Leben lang gemeinsam, das beinhaltet eine Konsequenz.»

Franziska lernte Simon, den Vater ihres Sohnes, unter komplizierten Bedingungen kennen. Er war noch in einer anderen Beziehung verbandelt. Doch er habe «in so einer absoluten Verliebtheit si-

gnalisiert, daß er schon gerne ein Kind von mir wollte, wie das Verliebte so tun.» Aber, so muß sie zugeben: «Der hat nur nicht damit gerechnet, daß ich sage: Alles klar, wird gemacht. Letztendlich habe ich mir das nicht lang genug überlegt. Zwar bin ich der Meinung, daß das wirklich Verbindliche ein gemeinsames Kind ist, aber diesen Mann kannte ich viel zuwenig. Ich war superverliebt. Symbolisch habe ich immer so ein Kind der Liebe gewollt: Empfängnis bei hoher Verliebtheit und Leidenschaftlichkeit. Nicht mit Fieberthermometer im Arsch und Liebe nach Stundenplan…

Niklas war dann letztlich so ein Kind der Liebe. Wir haben ihn uns nicht ‹angeschafft›, wie viele andere Paare es formulieren. Die überlegen sich vorher alles haarklein. Das war bei uns nicht so. Empfängnis ist doch nur ein ganz kurzer Moment. Letztlich hab ich mir gesagt, ja, wenn es jetzt so ist, dann ist es eben so. Jede Frau, die ehrlich ist, weiß genau, wann sie schwanger werden könnte. Das sind ja Momente, und zwar klitzekleine. Bei mir war dieser Moment so mit einer Bejahung des Kindes und des Mannes und der ganzen Affäre angefüllt, daß es für mich überhaupt gar keine Frage gab. In solchen Momenten wirst du unheimlich schnell schwanger. Auch bei mir ging das zappzarapp. Dann erst wurde es problematisch. Mir stand immer der Moment der Zeugung vor Augen, das Gefühl. Das hat mich über weite Strecken der harten Zeit gerettet, als Simon nicht wußte, ob und wie es mit uns weitergehen sollte. Da wurde mir klar, auch wenn Simon das Kind nicht will, ich habe es in dem Moment gewollt, und ich will es immer noch. Im Zweifelsfall mache ich das auch allein.»

Ein Kind, gezeugt aus der Fülle der Liebe und der Leidenschaft: In der Galerie der Glücksbilder nimmt diese Vorstellung einen exponierten Platz ein. Diese Frucht der Liebe, die dem Leben Glanz und Beständigkeit verleiht, einen Hauch von Ewigkeit, ein dem Tode abgetrotztes Weiterleben im Kind.

Mir gefiele es schon, wenn dieses Kind der Liebe einen Bonus für ein glückliches Leben hätte, aber ähnlich wie beim Sonntagskind scheint sich die Biografie nicht unbedingt an die Entstehungsgeschichte zu halten. Ob das entsprechende Elternpaar allerdings diesen Bonus für das Fortbestehen seiner Liebe erwirbt, ist noch fraglicher. Hinzu kommt, daß meist nur einer der Beteiligten, und da ist es dann in der Regel die Frau, überzeugte Zeugungstäterin aus Liebe ist. Männer scheinen da eher zurückhaltend, oft unwillig, zumindest ambivalent, was das Resultat des Liebesaktes anbelangt.

«Ich habe mich erst mal auf die Flucht begeben», sagt Simon, der Vater des Wunschkindes Niklas, «weil ich mich ausgenutzt fühlte. Michael, mein Sohn aus erster Ehe, war gerade vierzehn, also aus dem Gröbsten raus. Ich hatte das Gefühl, jetzt muß ich noch mal starten. Ich habe nicht nein gesagt, aber ich habe auch nicht richtig ja gesagt. Ich würde für Mütterlichkeit, wenn es dann um Muttersein geht, bei einer Frau voraussetzen wollen, daß sie das Feeling dafür hat, ob der Mann das Kind wirklich oder nur halbherzig will. Es ist ja eine große Sache, was dann geschieht.»

Ich wende ein: «Wenn der eigene Wunsch sehr stark ist, dann ist die Gefahr dieses ‹nicht ja, nicht nein› als halbes Ja zu interpretieren…»

«Unheimlich groß», setzt Simon meinen Satz fort. «Dabei dominiert der Wunsch, das sage ich jenseits von Vorwurf oder Schuldzuweisung. Nur, ich fühlte mich verfolgt. Ich hatte jahrelange Auseinandersetzungen mit meiner ehemaligen Frau wegen Geld hinter mir. Sexualität wurde verschoben auf Geld und Macht, und die Gerichte sind immer für die Frauen da…»

Ich hebe die Augenbrauen.

«Sagen wir so, nach meinen Erfahrungen. Plötzlich hatte ich die Paranoia, nicht der Vater zu sein. Das hat was mit der Kodierung meiner Liebesbeziehungen zu tun. Ich habe auf der anderen Seite den Vater, den Rivalen, vermutet. Immer, wenn ich von Reisen zurückgekommen bin, auch bei einer Freundin vor der Franziska, hab ich das Gefühl gehabt: Da ist ein anderer! Ich kann mich nicht sicher fühlen. Ich habe immer einen Rivalen imaginiert.»

Ein höchst schwieriger Balanceakt, der sich weit über die Schwangerschaft und Geburt von Niklas fortsetzte. Das Kind als Liebespfand geriet erst mal zur Liebeslast: der Vater verstrickt in ambivalente Gefühle, die Mutter zunächst allein gelassen mit dem Kind. Konnte daraus noch eine tragfähige Liebesbeziehung werden?

«Das änderte sich, nachdem ich den Vaterschaftstest gemacht hatte», sagt Simon. «Den ich immer wieder verschoben habe. Vielleicht habe ich eher gefürchtet, ich bin nicht der Vater. Aber nach der Bestätigung hatte ich plötzlich das Gefühl, daß mir Franziska Raum läßt. Die Bedrohung kippte um und die Beziehung wurde zu einer Kontinuität.»

«Ich denke, das ist ein Gefühl», sagt Klaus, «das natürlich sehr stark mit einem selbst zu tun hat. Daß du das Leben weitergibst, das hört sich profan an. Aber ich selber finde das Leben schön, auch lustvoll und sinnvoll. Das hätte ich gerne weitergegeben, auch mit meinen Möglichkeiten. Ein Kind hätte auch eine besondere Liebe bekommen, etwas, was lustvoll gewesen ist, und für mich eine weitere Verbindung mit der Welt dargestellt hätte.»
    «Auch größere Erfüllung deiner Liebe zu Conny?»
    «Ja, auch. Aber nicht unabdingbar. Das würde ich schon unterscheiden. Man sollte seine Liebe keinem gegenüber zurückhalten, nicht dem Kind gegenüber, das ja auch irgendwann gehen wird, aber auch nicht der geliebten Frau gegenüber, jedem gegenüber, den man liebt. Liebe sollte gelebt werden, geschieht das nicht, dann halte ich das für sehr tragisch, für ungelöst.»

Warum sollte es uns nicht gelingen, diesen Traum von Liebe, Verbundenheit und Kontinuität zu verwirklichen? Aufgeklärt wie wir sind, können wir doch der Familienfalle entgehen! Anscheinend jedoch nicht. Es fängt schon damit an, daß kaum ein Paar über die möglichen Veränderungen nachdenkt. Wir machen uns mehr Gedanken bei der Anschaffung einer Mikrowelle als bei einem Kind. Was kann uns so ein kuscheliges, hilfloses kleines Etwas schon antun? Und dann wird statt der niedlichen Knutschpuppe eine Heulboje geliefert, und wir können nicht mal die Annahme verweigern!

Und dann passiert es, daß auf dem Altar der Heiligen Dreifaltigkeit Vater – Mutter – Kind die Liebe geopfert wird.

Auch Charles glaubte daran, daß Kinder der Liebe und dem Leben erst den tieferen Sinn geben, als er vor mehr als zwanzig Jahren heiratete.

«Wenn ich jetzt zurückdenke: Da war alles verwoben beim Lieben. Der unterbewußte Instinkt, daß aus dieser Liebe was Wunderschönes entstehen kann, ist schon ein besonderer Kick. Heute glaube ich, daß ich das damals so empfunden habe: Es ist dann am allerschönsten, wenn aus diesen zwei Menschen ein Neues kommt. Man hat nur seine Liebe vor Augen. Als Chris schwanger war, war das ein schönes Gefühl, zu spüren, wie ihr Bauch immer runder wurde. Das war nicht Stolz auf Potentheit, das war ein ganz zärtliches Gefühl.»

Aber aus der Verbundenheit im gemeinsamen Schöpfertum entwickelte sich in dieser Ehe ein zählebiger Lieblingsstreit: Genau diese kleinen Sinnstifter wurden zum ständigen Zankapfel. Mittlerweile sind die Kinder junge Erwachsene, aber die elterlichen Auseinandersetzungen gehen weiter. Tatsächlich sind Kinder oft der Sprengsatz, für marode Beziehungen allemal, aber auch einer blühenden Liebe kann das Kind das Wasser abgraben.

Interessanterweise gedeiht die Liebe nicht automatisch mit dem Nachwuchs. Seltsame Verschiebungen und Reaktionen finden statt, so als öffne man die Büchse der Pandora, und alles Böse krabbelt heraus: Eifersucht und Neid, Schlaflosigkeit und sexuelle Unlust, neue Abhängigkeiten und alte Rebellion.

Ich frage Judith nach dem Anfang ihrer Liebe zu Holger.

«So verliebt wie da war ich schon lang nicht mehr. Aber wir haben beide nicht zu unserer Verliebtheit gestanden. Wir hatten beide gerade eine Trennung hinter uns. Wir taten so, als wollten wir nichts voneinander. Das ist in der ersten Zeit wunderschön, wenn zwei verliebt sind und keine Ansprüche stellen. Jeder zeigte dem anderen, wie selbständig er ist, wie sicher er im Leben steht, daß er erfolgreich ist und nicht gerade arm, wie schön er ist. Unter diesen Bedingungen konnten wir das Leben richtig genießen. Diese Verliebtheit war wunderschön. Wir haben phantastische Reisen gemacht, uns gegenseitig beschenkt. Obwohl ich noch nicht wußte: Ist er es wirklich? Ich habe mich auch immer wieder gesperrt, weil ich mich nicht einlassen wollte, nicht wirklich. Eingelassen habe ich mich erst, nachdem er mir signalisiert hat, er würde sich eine andere Frau suchen. Dann hatte er auch eine flüchtige Affäre. Es gab ein Riesen-Eifersuchts-drama meinerseits. Ich habe meine Sachen genommen und bin gegangen.

Erst da hab ich gemerkt, ich möchte mehr von diesem Mann. Da hab ich dann meine Spielchen reduziert, und er hatte das Gefühl, doch, ich kriege sie schon noch. Irgendwann hörten meine Spielchen ganz auf, und nach ein, zwei Jahren war's dann klar. Ich konnte sagen: Er ist mein Freund. Bis das Kind kam, haben wir nur rumgeturtelt. Hatten aber auch immer wieder Riesenstreß, Theater und Dramen, grauenhaft war's auch. Da kamen immer wieder meine Zweifel hoch. Das hat sich erst geändert, als ich schwanger wurde und endlich ja sagen konnte.»

Judiths Wohnung ist jetzt in warmes Abendlicht getaucht. Gemütlich ist es bei ihr, aber auch gekennzeichnet vom Mutter-Kleinkind-Chaos: Schnuller, Spielzeug, Fläschchen und Zeitschriften, Stapel von diesem und jenem.

Judith lauscht nach hinten. Das Kind, das zu Beginn unseres Gespräches ab und an laut quengelte, ist ruhig geworden. Es scheint endlich zu schlafen.

«Konnte Holger auch ja sagen zu deiner Schwangerschaft?» frage ich Judith, die sich eine Zigarette ansteckt.

«Ja, wir beide haben es gewollt. Daß ich nicht mehr verhütet habe, darüber haben wir geredet. Ich hab mir natürlich auch genau angeguckt, von wem ich ein Kind kriege. Und von ihm wollte ich eins. Das war so, als wenn ich am Ende der Suche gewesen wäre. Dann zögert man nicht mehr, ist nicht mehr ambivalent. Ich bin auch gleich im ersten Monat, in dem ich nicht mehr verhütet habe, schwanger geworden.»

Judith war eine begeisterte Schwangere. «Ich schwebte auf einer rosaroten Wolke. Ich habe mich nie so gut gefühlt wie während der Schwangerschaft. Und dann war da noch unsere Hochzeit auf Hawaii. Ich hatte nichts mehr mit der Realität zu tun, bin nur noch geflogen, abgehoben. Ich war stolz. Ich habe nicht hingehört, wenn mir jemand was Kritisches sagte. Das waren für mich Spinner. Ich befand mich auf einem anderen Planeten. Schließlich ging mein Kindheitstraum in Erfüllung: Eine Hochzeit auf Hawaii, und anschließend sind wir mit einem schneeweißen Cadillac durch Kalifornien geflittert.»

Judith gerät heftig ins Schwärmen und Erinnern, und ich bin mir sehr bewußt, wie prosaisch meine nächste Frage ist: «Habt ihr euch mal im vorhinein überlegt, was sich ändern wird in eurer Beziehung, wenn das Kind da ist?»

«Nein.» Judith schüttelt den Kopf. «Ich hab immer gesagt, das kriegen wir schon hin. Und Holger auch. Wir haben beide so gelebt, als hätte ich keinen dicken Bauch. Reisen, Partys, Essengehen, spät ins Bett. Wir haben aus dem vollen gelebt. Die Frage nach dem Leben mit dem Kind kam erst, als ich aufhörte zu arbeiten. So, jetzt müssen wir ein Nest bauen, turnen gehen. Holger ist auch zum Schwangerschaftsturnen mitgekommen und hat mir immer Schweinereien ins Ohr geflüstert, wenn wir zusammen auf der Matte lagen. Was es wirklich für die Zukunft bedeutete, konnte ich mir nicht vorstellen. Das haben wir nicht thematisiert. Es hieß immer: Die nehmen wir überallhin mit. Sie ist immer dabei.»

«Und was hat sich in eurer Beziehung geändert?»

Judith seufzt und steckt sich wieder eine Zigarette an. «Für mich hat sich sehr viel geändert, aber für Holger auch. Das hatte auch viel mit Angst zu tun. Für ihn noch mehr als für mich. Eine Frau, die Mutter wird, kommt ja in eine ganz andere Situation als ein Mann, der Vater wird. Er mußte mehr Verantwortung tragen, und ich bin in eine Abhängigkeit geraten, die ganz schrecklich ist.»

«War das nicht absehbar?»

«Nun, wenn wir uns das vorher genau angeguckt hätten, hätten wir vermutlich kein Kind gekriegt. Du weißt ja nicht, wie es wird. Du hast das Gefühl, du wirst einen dicken Bauch haben, der Mann spendet die Software dazu, und dann bist du halt Vater und Mutter. Erst dann geht es darum, wie es weiterlaufen soll: Der wirkliche Einschnitt im Leben ist der Wechsel vom Leben in Zweisamkeit zu dem in Dreisamkeit. Das bedeutet Arbeit und löst eine Krise aus. Gerade wenn man so exklusiv und selbstbewußt gelebt und geliebt hat wie wir. Der Kuchen muß erst mal gebacken werden.»

«Wir sind nach Marokko in Urlaub gefahren. Ich habe gesagt: Ich würde gerne in Marokko ein Kind machen. Und dann habe ich mir innerhalb der ersten Stunden dort eine Magen-Darm-Infektion zugezogen und in den ganzen vierzehn Tagen nur gekotzt. Da konnten wir das mit dem Kindermachen vergessen.» Anja lacht. Keine afrikanische Zeugung für das «Wunschkind».

«War für dich eine Liebesbeziehung von Anfang an mit einem Kinderwunsch verbunden, oder hat der sich erst später eingestellt?» frage ich Anja. «Bei meiner ersten Liebe hatte ich den Wunsch überhaupt nicht. Da waren wir selber Kinder. Mit Walter war das anders. Nachdem wir zwei, drei Jahre zusammengelebt hatten, war das eine ganz bewußte Entscheidung: Wir wollen ein Kind. Wir waren Ende zwanzig, und wir wollten einfach was zusammen auf die Beine stellen. Das Gefühl, was zu vertiefen, ein Kind zu haben, etwas, was unsere Beziehung bereichert. Es sollte mehr als das sein, was vorher da war. Uns festlegen.»

«Da wart ihr noch nicht verheiratet?»

«Nein, wir haben uns kennengelernt, als ich noch in zwei anderen Geschichten steckte. Für mich war das sehr klärend. Mit Walter wollte ich eine richtige Beziehung. Mit den anderen, das hatte keine Zukunft mehr. Aber ein Kind zu kriegen bedeutete Zukunft. Walter war der Mann, mit dem ich mir das vorstellen konnte. Eindeutig.»

«Habt ihr das besprochen?»

«Ja. Wer den Wunsch zuerst geäußert hat, weiß ich nicht mehr. Aber dann war es entschieden. Wir lebten damals noch in einer Wohngemeinschaft, mit meinem ehemaligen Freund, der dann kurz vor der Geburt unserer Tochter auszog. Das lief alles unter dem Motto: Wir verstehen uns ja alle noch so prima.»

«Hast du beim ‹Liebemachen› dieses Gefühl gehabt, in diesem Moment könnte es geschehen, war das eine andere Art von Sexualität?»

«Wir wollten unbedingt zu dem Zeitpunkt ein Kind in die Welt setzen. Vorher habe ich die Verhütung immer sehr diszipliniert betrieben, ich bin nie schwanger geworden. Dann habe ich die Pille abgesetzt. Wir haben es nicht richtig darauf angelegt, aber ich hab gemerkt, daß es aufregend war, weil es passieren konnte. Es war ein anderes Gefühl als vorher.»

«Erregender?»

«Anders, mehr Nähe, Verbindlichkeit, erregender nicht. Es ging sehr schnell. Ich war relativ bald schwanger. Ich weiß noch, daß ich an einem bestimmten Tag dachte: Heute ist es garantiert passiert. An dem Tag traf ich eine Freundin, die meinte: Na, du bist ja frei und hast keine Kinder. Und ich habe gedacht: Wenn du wüßtest! Neun Monate später habe ich dann das Kind gekriegt.»

Ich stelle meine obligatorische Frage: «Habt ihr euch überlegt, wieweit sich eure Beziehung ändern würde?»

«Bei mir gibt's einen Unterschied zwischen dem ersten und dem zweiten Kind. Das erste Kind war geplant, bewußt und sorgsam, mit viel Ruhe und Zeit, mit allen Schikanen. Das zweite Kind war weder geplant noch gewollt. Beim ersten, glaube ich, haben wir es gut hingekriegt. Aber beim zweiten ist es uns über den Kopf gewachsen. Es hat uns wahnsinnig gefordert. Da ist ein großer Unterschied.»

In ihrem Roman «Der letzte Blues» (Frankfurt 1992) beschreibt Erica Jong das Szenario der Ehe ihrer Protagonistin Leila Sand: Verheiratet mit einem Künstler, wird die Malerin Leila hochgestimmt schwanger: «Was konnte erfreulicher sein als zwei Künstler, die zusammenlebten, ihre Arbeit taten, ihre Babys ernährten, kochten, sich liebten, durch die Kirchen und Kunstgalerien Italiens spazierten?»

Leila und ihr Mann leben, wie kann es anders sein, im Bauernhaus eines Freundes im Chianti, umgeben von Olivenbäumen und Weinbergen.

«Wir schliefen jede Nacht in enger Umarmung – bis meine Schwangerschaft das unmöglich machte, und dann schliefen wir in Löffelstellung.»

Das Hohelied von Liebe und Fruchtbarkeit:

«O, wie süß die Liebe ist, wenn sie noch süß ist. Zwei salzige, verschwitzte Liebende, aufwachend in einem von Liebe zerwühlten Bett. Und wie selten ist das. In den Zeiten unseres Lebens, in denen wir das besitzen, wissen wir es kaum zu würdigen. Es wird im Verlust höher geschätzt als im Besitz – wie so viele Dinge, die wir unbekümmerten Menschen haben, unser Leben eingeschlossen. Wir verlebten jenes Jahr in einem Tohuwabohu von Schenkeln, Kunstgeschichte und extra-vergine Olivenöl. (...) Wir lebten für Liebe, Kunst, Bett und Babys. In Italien ist das einfach, einem Land, dessen Prioritäten geordnet sind – und dieselbe Reihenfolge haben. Ich erinnere mich noch an die Verzückung in Elmores dunklen Augen, wenn er dalag und an meinem Bauch horchte, wie nach dem Geräusch des Meeres an einer Riesenmuschel. Unsere Arbeit gedieh, unsere Babys gediehen, unsere Liebe gedieh. Unser Lied war ‹Our love is here to stay›, und wir zweifelten nicht einen Augenblick daran, daß das stimmte. Das Leben, so dachten wir damals, kann nicht schöner sein – und wir hatten recht.»

Während sie auf die Geburt ihrer weiblichen Zwillinge warten, genießt Leila alle Privilegien der Schwangerschaft:

«Es war die großartigste Zeit meines Lebens. Ich lag im Bett wie eine Königin, wartete darauf, meine Prinzessinnen zu gebären, und Elmore las mir vor. Wir schrieben Tagebücher. ... Was für eine glückliche gesegnete Zeit war das! Wie konnte sie zu Ende gehen?

Ihr Ende begann am 1. August, als die Schwangerschaft durch das Brechen der Fruchtblase akut gefährdet war und wir (...) beschlossen, die kleinen Lieblinge durch Kaiserschnitt zur Welt zu bringen. Ich betrat den OP als Künstlerin und Liebende und kam heraus als Künstlerin und Mutter. Von dem Augenblick an, in dem mir diese winzigen rosa Zwillinge in ihren winzigen rosa Decken übergeben wurden, begann das Universum sich zu verschieben – unwiderruflich.»

Vielleicht war das auch nicht nur die Elternschaft, die die Ehe zu untergraben begann.

Was war neben Konkurrenz und Alkohol in diesem Fall der «coup de grâce»? «Die Gründe dafür sind so unbeschreibbar wie die Gründe, warum ein Paar überhaupt zusammengekommen ist», vermutet Erica Jong. «Wir leben in einer Welt, in der alle Regeln für Ehe und Liebe sich drastisch verändert haben und sich weiterhin in immer kürzer werdenden Zyklen verändern. Früher gab es die Ehe, um Kinder zu bekommen und großzuziehen; heute gibt es nur wenige Ehen, die dem Druck dieser Geschehnisse standhalten können. Kinder sind vertrackte Störungen.» Sie rütteln an unseren Lebensplänen und Zukunftsvorstellungen. Sie wollen die Nummer 1 sein.

Neun Monate Schwangerschaft scheinen keine gute Vorbereitung auf Elternschaft zu sein. Ganz und gar nicht. Diese Extrazeit in jeder Beziehung – und dann der Alltag in der Dreieckskiste. Nun ruht dieses Dritte nicht mehr still im Fruchtwasser, sondern hat eigene Bedürfnisse, die es im Zweifelsfalle lauthals einklagt. Schwangerschaft ist für viele Frauen Traum- und Auszeit. Für die Männer ist es sowieso noch nicht ernst geworden. Für sie hat sich noch nichts geändert.

Aus der innigen Zweisamkeit wird unweigerlich eine Dreiecksbeziehung mit allen ihren Gefahren und Risiken, ein völlig neuer Liebes- und Lebensalltag: nie mehr allein zu zweit. Ob nun Kind der Liebe oder Wunschkind, Zufallstreffer oder von langer Hand geplant – nichts macht die Aussichten besser oder schlechter für den entscheidenden Schritt in die Dreierkonstellation, der auf jeden Fall problematisch ist. Entweder geht die Bombe sofort hoch oder später.

Könnte es sein, daß Kinder um ihrer selbst willen gezeugt werden sollten? Daß alle anderen Gründe sich gegen sie wenden und gegen die Liebe des Elternpaares? Und auch die ideologischen Fluchten in Sackgassen führen? «Ich habe ein Kind gewollt, wie ihr alle – Frauen und Männer – auch als Bild, das Mann und Frau vereinigt, als Nachweis für das Zusammentreffen zweier unterschiedlicher Welten», schreibt Christiane Olivier in «Jokastes Kinder» (München 1989).

Als Ende des Geschlechterkampfes, sozusagen als Friedensangebot. Tatsächlich ist es aber die Mutterschaft, so folgert Olivier, und nicht die Sexualität, «in der die Ungerechtigkeit zwischen den Geschlechtern liegt: Wegen der mit der Schwangerschaft verbundenen unteilbaren weiblichen Lust hat der Mann beschlossen, sich zu rächen und sich vom Kind nicht nur während neun Monaten, sondern sogar während neun Jahren fernzuhalten. Die Frau wird für viele Jahre allein die Folgen des Begehrens der beiden Gatten tragen.»

Kinder bedeuten auf jeden Fall einen schweren Eingriff in die Zweierbeziehung. Es scheint fatal für die Liebe, wenn man so tut, als wären sie das nicht. Und den Kinderwunsch getrennt von der Realität der Beziehung durchsetzen zu wollen, das geht höchstwahrscheinlich auf die Dauer nicht gut. Kinderkriegen ist immer begleitet von schwersten Reaktionsbildungen. Auch wenn sich der Kinderwunsch durchgesetzt hat, ist er alles andere als ein Garant der Liebe. Vier Jahre hat die Natur für die notwendige Zeit der gemeinsamen Aufzucht vorgesehen. Die meisten Ehen und eheähnlichen Beziehungen scheitern nach dieser Zeitspanne. Es muß ein viel weitreichenderes Einverständnis dasein, um die Liebe über dieses genetische Timing hinaus zu retten.

Aus Liebe zum Kind
Kinderkult als Kindheitskult

Gib den Kindern das Kommando.
Sie berechnen nicht, was sie tun.
Die Welt gehört in Kinderhände,
dem Trübsinn ein Ende.
Wir werden in Grund und Boden gelacht,
Kinder an die Macht.

Sie sind die wahren Anarchisten,
lieben das Chaos, räumen ab,
kennen keine Rechte, keine Pflichten.
Ungebeugte Kraft. Massenhaft.

(Herbert Grönemeyer)

Im Reigen der Psycho-Moden ist die Theorie vom Inner Child im Augenblick besonders aktuell und beliebt. Du begibst dich auf die Suche nach dem Kind, das du einmal warst, durchlebst mit ihm noch mal deine Kindheit, wiederholst noch mal die Freuden und Leiden. Und überlegst, ob du von diesem Kind was für dein erwachsenes Leben lernen kannst. So weit, so gut.

Nichts gegen Introspektion und Vergangenheitsbewältigung, aber meist kommt am Ende ziemlich viel Erschreckendes zum Vorschein: statt der goldenen eine grauenhafte Kindheit und ein armes gequältes, mißverstandenes, wenn nicht gar mißhandeltes und mißbrauchtes Kind. Das muß schon so sein, weil sonst Therapeuten und Psychologen arbeitslos würden. Wer sich in die entsprechende Therapie begibt, kann sicher sein, daß so lange gebohrt und nachgefragt wird, bis irgendein Elend zutage kommt. Und wenn nicht, nun, dann gibt man sich keine Mühe, sich wirklich richtig zu erinnern. Irgendeinen Schaden hat man mit Sicherheit davongetragen.

Ich habe mich schon oft gefragt, warum viele Menschen sich nicht mit ebensolcher Intensität daranmachen, die erfreulichen, stärkenden und gesunden Erfahrungen zu erinnern, das kindliche Glück, das es wohl auch gegeben haben muß, wie sie nach den Leichen in ihren Seelenkellern fahnden. Belauscht man mal die Gespräche über Kindheit, dann überwiegen die Widrigkeiten, und oft artet dieser Erfahrungsaustausch in den Wettbewerb aus: Wer hatte die schlimmsten Eltern, ist am schlechtesten behandelt worden, wer zählt die meisten Wunden und landet damit auf Platz eins in der Hitparade der Opfer?

Und so haben wir genug zu lamentieren: Wenn wir nicht so fürchterliche Eltern gehabt hätten, eine besitzergreifende oder depressive Mutter, einen egoistischen oder gänzlich abwesenden Vater, dann ginge es uns heute besser, dann hätten wir mehr Glück in unserer Liebe und unserem Leben, was wir schließlich auch verdienen.

Versperrt aber nicht gerade dieses Klammern und Festhalten am Vergangenen und auch an der eigenen Kindheit uns die Möglichkeit zu einem erfüllten Erwachsenenleben? Wir können nicht loslassen. Wir müssen immer wieder darauf herumreiten. Wir können nicht vergessen und schon gar nicht verzeihen.

Wenn solche Leute dann ein Kind haben, hat das sehr viel damit zu tun, daß sie ihre eigene Kindheit sozusagen unter besseren Vorzeichen noch mal erleben möchten. Sie wollen an ihrem Kind wiedergutmachen, was bei ihnen versaubeutelt wurde.

Ich lernte Elsa in der Feldenkrais-Gymnastik kennen. Wie viele Schreibtischtäter habe ich ab und an Rückenschmerzen und dachte, diese Art der Körpertherapie könnte mir helfen. Elsa, Chefsekretärin und ebenfalls kreuzlahm, lag neben mir und machte auch die klitzekleinen Bewegungen, die einem dann ja tatsächlich erstaunlich gut tun.

Nach der zweiten Stunde lud Elsa mich zu einem Wein bei sich zu Hause ein. In ihrer Wohnung saß eine Studentin als «Babysitter» für ihre dreizehnjährige Tochter Lena. Ich war ein bißchen perplex; es war sieben Uhr abends und die Übungsräume lagen ungefähr zwanzig Häuser von ihrer Wohnung entfernt. War das nicht ein bißchen übertrieben? «Wir haben Angst», gab Elsa zu. Wir tranken Wein, und Elsa machte schnell eine Kleinigkeit (einen köstlichen Zwiebelkuchen, den sie selber zubereitet, tiefgefroren und nun schnell in die Mikrowelle geschoben hatte).

Elsa war für jeden gesellschaftlichen Anlaß gerüstet. Sie hätte jederzeit für zwölf Leute ein komplettes Fünfgängemenü in der Truhe, selbstverständlich auch Drinks und Zigaretten. Nur – Elsa hatte fast gar kein geselliges Leben. Da war ihre muffelige, pubertierende Tochter vor, mit der sie sich in ihren Äußerungen oft in einem symbiotischen «Wir» verband. Um die Tochter drehte sich alles. Eine Tochter, die nicht erleiden sollte, was Elsa als Kind erlitten hatte: Eltern, die sich nicht kümmerten, unerfüllte Wünsche, keine Zuwendung.

Das erfuhr ich, als ich ein paar Wochen später Elsa um ein Interview bat. «Ich habe mir immer gewünscht, daß meine Eltern mal zu Hause sind», sagt Elsa. «Daß wir ein Familienleben hatten. Ich habe mir immer ein so schönes Zimmer gewünscht wie Lenas. Ich wollte auch immer eine Mutter, die wie eine Freundin zu mir ist.»

Hat sie je ihre Tochter gefragt, ob sich Lena als Kind wünscht, was Elsa sich gewünscht hat? Warum langweilt sich Lena in ihrem überquellenden Zimmer, das nach dem Geschmack der Mutter eingerichtet ist? Warum hat sie keine gleichaltrige Freundin? Warum braucht eine Dreizehnjährige einen Babysitter?

«Lena ist im Moment in so einer schwierigen Phase», weicht Elsa aus. «Sie ist so unsicher, die Pubertät…», flüstert Elsa, als wäre Pubertät eine unanständige Krankheit. Lena wisse eben nicht, was sie wolle. Lena war immer in schwierigen Phasen, wie sich herausstellte. Willkommener Anlaß, um aus Wiedergutmachungsgründen auf all das zu verzichten, was Lena hätte betrüben können. Das waren nach Elsas Scheidung (auch der Ex war als Vater für Lena nicht gut genug…) vor allem Männer. Männer, die Lena entweder beunruhigten oder kein Interesse an Lena und einer entsprechenden Vaterrolle hatten oder zu viel Interesse an Lena. Elsas Sexualleben ging also gegen Null, und als sie einmal, leicht angeheitert, einen Mann mit nach Hause in ihr Bett nahm, den Lena am Morgen verschwinden sah: «Da hat Lena eine Woche nicht mit mir gesprochen, nur traurig war sie. ‹Mama›, hat sie gesagt, ‹wir haben doch uns.› Ich war so gerührt von ihrer Liebe», wispert Elsa, «mir kamen die Tränen.»

Lena ist eine perfekte kleine Terroristin, und sie weiß genau, wie sie ihre Mutter weichkriegen kann. Mit Zuckerbrot und Peitsche.

Diese Kinder spüren genau, wann ihre Mütter (oder auch Väter) unter der Last des schlechten Gewissens in die Knie gehen. Und sie kennen den strategischen Einsatz der Mittel, die ihre Eltern nachgeben lassen. Dieses Wiedergutmachungsprogramm hat, wie alle stellvertretenden und rückwärtsgerichteten Handlungen, fatale Folgen nicht nur für die Eltern, sondern auch für das Kind.

Vielleicht würde es Lena genießen, ab und zu allein zu sein? Und daß ihre Mutter eine schöne Liebesgeschichte erlebt, statt ständig an ihrer Tochter herumzuzupfen? Und vielleicht wäre Lena eine lustige Type, wenn sie nicht unter diesem ständigen Zuwendungsstreß stünde.

Ich glaube, das schlimmste ist, daß diese Kinder spüren, daß nicht sie gemeint sind mit ihren realen Bedürfnissen, Wünschen und Gefühlen. Sie verlieren den Sinn für Realität, ihre eigene und die der anderen. Sie laufen Gefahr, sich respektlos und rücksichtslos durchzusetzen, mit der ständigen Anspruchshaltung: «Was kriege ich denn dafür?»

Wenn Klein Lena mal groß ist, dann wird sie ihrer Mami wahrscheinlich ziemlich böse sein, weil die ihr Opfer gebracht hat, die sie gar nicht verlangt hat. Sie wird gelernt haben, andere kräftig zu manipulieren. Aber was sie nicht gelernt hat, ist, zu ihren eigenen wirklichen Bedürfnissen zu stehen, genau wie Mami. Und was bei Klein Lena noch Trotzköpfchens Liebreiz hat, ist bei einer erwachsenen Frau nur noch frustriertes und frustrierendes Gequengel.

Was aber, wenn wir uns nach dem Glück unserer Kindheit zurücksehnen, es wiederholen wollen mit unseren Kindern?

Unter diesem Aspekt hat sich Klaus sehr intensiv mit seinem Kinderwunsch auseinandersetzen müssen. Seine erste Ehe blieb kinderlos, obwohl er sich ein Kind gewünscht hätte. Seine zweite Frau hat eine Tochter aus erster Ehe und wollte keine Kinder mehr. «Für mich ist das eine ganz komplizierte Sache», sagt Klaus, «weil ich eigentlich unheimlich gerne Kinder gehabt hätte, auch jetzt noch. Aber ich habe gemerkt, daß ich mit mir selber nicht klar bin, nicht fertig bin. Ich wollte das Kind haben, das ich in mir selber gesucht habe und nicht fand. Ich wollte selber Kind bleiben, die Erwachsenenrolle eigentlich nicht übernehmen.»

«Mit dem Kind die eigene Kindheit noch mal erleben?»

«Ja. Ich wollte dem Kind in mir eine weitere Chance geben. Aber nicht als Erwachsener, als Vater, was eine andere Verantwortung ist.»

Auch Renate vermutet hinter dem Kinderwunsch die Sehnsucht nach dem Kinde in sich selbst: «Kleine Kinder interessieren mich reichlich wenig, das fängt erst an, wenn die denken können. Aber dieses Staunen von kleinen Kindern, wie neu sie die Welt sehen, das finde ich spannend. Aber das entsteht bei mir mehr und mehr selber, dieses Staunen. Für Kinder dazusein, dazu habe ich einfach keine Lust. Ich habe zuviel anderes, was ich kreieren will, insofern ist die Kunst mein Kind, so eigenartig, so faszinierend wie Kinder.»

Statt uns permanent nur damit auseinanderzusetzen, was uns angetan wurde oder was uns verlorengegangen ist, und dies über die Kinder wiederzubeleben, könnten wir uns jenen Potentialen zuwenden, die wie Schätze auf dem Grunde unseres Selbst liegen und die auch unser erwachsenes Leben und Lieben bereithält.

Die Kinder werden eines Tages sowieso aus unserem Leben verschwunden sein. Und noch eher werden sie sich den elterlichen Knutsch- und Knuddelwünschen widersetzen.

Anja seufzt: «Manchmal, wenn ich mir die dicken Backen meines kleinen Sohnes anschaue, muß ich daran denken, daß dem in ein paar Jahren ein Bart wächst. Dann darf ich ihn nicht mehr so ohne weiteres anfassen. Oder meine Tochter, die ist jetzt schon so spröde, noch ein Jahr, dann bin ich bei der völlig abgemeldet.»

Solange sie klein sind, sind Kinder süße, arglose, verfügbare und großzügige Liebesobjekte... Sie lieben uns Eltern bedingungslos und befriedigen eine Menge Bedürfnis nach Zärtlichkeit, Nähe, Schmusen und Kuscheln.

«Auch die Bedürfnisse nach Quatschmachen», ergänzt Anja. «Vor ein paar Tagen, als ich mal wieder völlig fertig war durch den Alltagsstreß, hab ich mir den Ulli geschnappt. Wir sind zum Fluß gelaufen und haben uns zusammen eine Wiese runtergekollert. Das war Spitze, wir haben uns beide schlapp gelacht. Das kannst du doch sonst nur, wenn du frisch verknallt bist. Oder manchmal kitzeln wir uns…»

«Warum kann man das denn nur machen, wenn man superverknallt ist?»

Anja denkt einen Moment nach. «Weil du dafür eine unheimliche Energie brauchst, eine Energie, die was Kindliches hat. Ich kann mich gar nicht daran erinnern, daß Walter und ich so was überhaupt getan haben.»

«Was du aber sehr genießt, dieses Rumalbern.»

«Ich finde das wunderbar, einfach herrlich.»

«Warum soll das nicht zwischen Erwachsenen möglich sein?»

«Ich glaube, daß diese Dimension sehr schnell weg ist, wenn du in die Elternrolle rutschst. Auf einmal hast du die Verantwortung, bist zuständig für das Erziehungs- und Versorgungsprogramm und nicht für die Quatschnummern. Den Platz haben die Kinder eingenommen. Ich weiß, daß Walter auch gern mit Ulli herumalbert, aber wir Erwachsenen tun das so gar nicht. Ich denke schon, daß mir das in unserer Beziehung fehlt. Wobei ich nicht weiß, ob das mit den Kindern zu tun hat oder an dem Mann liegt, den ich mir ausgesucht habe. Als Vater meiner Kinder habe ich mir einen besonderen Mann ausgesucht, wobei das Spaßmachen von mir eher negativ bewertet wurde. Einen Spaßmacher hatte ich vorher. Dann war ich auf der Suche nach einem ernsthafteren Familienmenschen.»

«Unsere Erziehung war ja auch so angelegt, daß wir die Kindlichkeit ablegen sollten, dieses Albernsein und vor allem diese Unbekümmertheit. Jetzt holen wir das über unsere Kinder wieder herein, mit ihnen trauen wir uns das dann wieder.»

«Ja», sagt Anja, «aber als Paar traut man sich nicht, diese Verantwortlichkeit und dieses Elternhafte mal abzulegen und sich mal nur bekloppt zu verhalten.»

«Und damit wieder offen zu sein für das, was man sich nur am Anfang der Verliebtheit traut, dieses Spielerische und Spontane zu leben. Ich frage mich dann, ob nicht unsere Kinder unseren Wunsch nach Kindlichkeit erfüllen sollen. Wobei diese Ebene in der Liebe unter Erwachsenen vernachlässigt wird. Da bleiben wir gehemmt oder blockiert.»

«Da ist man dann einfach der Erwachsene, und die Kinder decken die Kinderabteilung ab.»

Und das, so finden wir beide einmütig, ist eine ziemlich traurige Entwicklung.

Was nehmen wir uns da an Möglichkeiten: Statt als Erwachsene zu spielen, versenken wir uns in Kinderspiele wie Gameboy oder Ballrollen am Boden und Barbiepuppen anziehen helfen. Mir kann keiner erzählen, daß das auf Dauer beglückender ist als erwachsene Spiele unter Erwachsenen: die spannende Partie Doppelkopf oder das schweißtreibende Tennismatch oder ausgelassen Rock'n'Roll tanzen oder eine Wiese runterkullern...

Kinderkult, Kindheitskult und lebensfeindliche Verhaltensweisen schließen sich also keineswegs aus. Die eingefleischten Kinderfreunde entpuppen sich zuweilen als misanthropische Spaßverderber. Nehmen wir ein Haus und seine Bewohner als Beispiel:

Das Haus: vier großräumige Eigentumswohnungen in einem gepflegten Altbau in einer bevorzugten Wohngegend einer deutschen Großstadt.

Parterre: ein spätgebärendes Paar mit frischem Baby – ein Schreikind.

1. Stock: Endlichgebärende (nach jahrelangen vergeblichen Versuchen) mit einem stillen, «empfindlichen» Kleinkind, Eltern overoverprotecting.

2. Stock: ein Paar, nennen wir es Rita und Paul. Der sechzehnjährige Sohn ist in einem Internat, beide arbeiten und reisen viel. Sie haben einen großen Freundeskreis mit entsprechend geselligem Leben, an dem die anderen Hausbewohner gerne teilhaben, weil sie sich in Babyphonreichweite vergnügen können.

3. Stock: Paar im zweiten Eheversuch, das ihre zwei mitgebrachten Kinder und sein eines mit einem gemeinsamen vierten krönte: ein lebhaftes dreijähriges Radaukind.

Ein kinderreiches Haus ist ein lautes Haus. Das Baby schreit des nachts, vormittags läßt das Kleinkind Murmeln auf den Holzfußboden prasseln, nachmittags toben die Schulkinder durch das Treppenhaus und abends schreit wieder das Baby.

Rita und Paul als tolerante Mitbewohner und wahrlich keine Kinderfeinde, der Sohn ist auf eigenen Wunsch in einem Internat, beschweren sich nicht. Wohl aber beschweren sich die anderen Eltern über die beiden: Rita, die zuweilen nachts durch ihr Arbeitszimmer geht, während sie an ihren Übersetzungen arbeitet, soll eine Rochade der Räume vornehmen, weil das empfindliche Kleinkind eine Etage darunter gestört werden könnte. Ist die Musik auch nur eine Spur lauter als zimmerhörbar – schon steht der nächste auf der Matte. Dies geschieht aber nur, wenn Rita und Paul ohne ihre Hausnachbarn feiern.

Rita und Paul werden gebeten, bei ihrem ... hm, also im Bett, nicht wahr, etwas leiser zu sein und das Fenster zu schließen.

Und Höhepunkt im Kampf gegen ihre Lebensäußerungen ist der Fahrrad-Kinderwagen-Krieg: Zwar war es erlaubt, drei Kinderwagen im Flur zu parken, nicht aber auch noch zusätzlich und auch nicht zeitweilig Pauls Rennrad. Nun kann man über Kinderwagen ebenso stolpern wie über Rennräder. Streng genommen nehmen Rennräder sogar weniger Platz weg als Kinderwagen, wenn man sie an die Wand stellt, aber darum ging es gar nicht.

Es ging um eine absolute Verherrlichung von Kinderbedürfnissen und eine Diskriminierung erwachsener Bedürfnisse. Ausnahmen von der Hausordnung für Mutter und Kind, nicht aber für den gestreßten Erwachsenen nach einem harten Arbeitstag. Erwachsene sind still und bescheiden, lachen nicht zu laut, brüllen nicht rum, lassen nichts fallen, lassen nicht ihr Rennrad im Flur stehen, sind nicht albern, sie halten sich an die Regeln und überhaupt, nur, die Mutter mit Kleinkind hat im Zweifelsfalle immer recht.

Hier die Übertreibung kindlicher Freiheiten und Verabsolutierung elterlicher Sorge und das alles, damit aus den Sprößlingen dann eingeklemmte Erwachsene werden? Welch ein kärgliches, reduziertes, angepaßtes und funktionalistisches Erwachsenenbild sich da offenbart. Die Vorstellung, daß auch ein erwachsener Mensch vor Freude einen

Luftsprung machen könnte, einen Wildfremden umarmen, Tränen der Freude oder Trauer weinen oder in ein spontanes Lied ausbrechen könnte, jagt diesen Menschen einen Schauder über den Rücken.

Alles, was mehr als einen Meter über den Boden hinausgeht, das darf dann nicht mehr «kindisch sein».

Bedürfnisse von Kindern und Erwachsenen, auch von Eltern und Nichteltern, sind oft nicht kompatibel, sondern in ihrer Unvereinbarkeit höchstens immer wieder neu aushandelbar – in einer Form kreativer Kompromißbereitschaft.

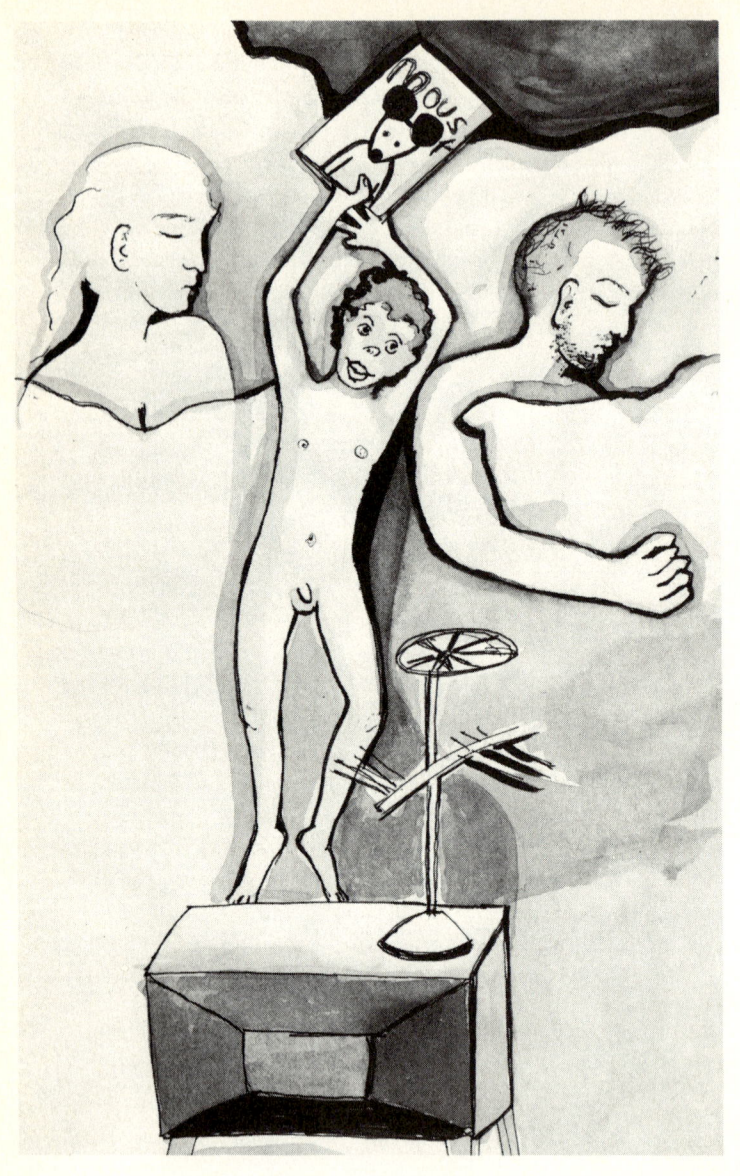

Das selbstgemachte Kind
Eltern und Sex

> Eigentlich müßte ich den Grundsatz
> vertreten, daß nur glückliche
> Menschen das Recht haben, Kinder
> in die Welt zu setzen. Aber würde
> man streng an dieser Regel festhalten,
> so würde die Menschheit bald
> auf den Aussterbeetat gesetzt werden.
>
> *(Wilhelm Stekel,*
> *«Erziehung der Eltern»)*

Die Wahl der Waffen: Temperaturmessen, die Beschaffenheit der Scheidenschleimhaut beobachten, Zyklusmonitoring, Hormonanalyse, Spermiogramm und Postkoitaltest, In-vitro-Fertilisation... Schon bei der bloßen Aufzählung dieser Prozeduren vergeht die Lust auf die Lust und dennoch: wenn das Kind ein selbstgemachtes sein soll, exerzieren Paare, manchmal jahrelang, dieses «Eigenes-Kind-auf-Biegen-und-Brechen-Programm» und wundern sich, wenn dabei die Liebe entschwindet wie die Luft aus dem angepieksten Luftballon. Dieses Kind, was da nicht kommen will, vielleicht fühlt es sich schon präfötal überfordert: als Heilsbringer, Eheretter, Motor für festgefahrene Verhältnisse oder Ablenkungsmanöver.

Ich kenne mehr Ehen, die an dieser Tortur des gnadenlosen Produktionszwanges gescheitert sind als solche, denen das gutgetan hätte.

Frauen, die gestern noch auf Natur und die Weisheit ihres Körpers geschworen haben, und Männer, die sich über die Übervölkerung der Erde ereiferten, feiern die fröhliche Auferstehung des guten alten Biologismus.

«Als ich Fritz kennenlernte, vor sechzehn Jahren, dachte ich: Das ist der schönste Mann, den ich seit langem getroffen habe», erzählt Luise. «Er hat mich mit seinem ganzen Äußeren, aber auch mit der

Art, wie er sich gab, unheimlich angesprochen. Auch im Gegensatz zu meinem damaligen Geliebten, der nicht schön war. Fritz versprach Aufregung, aber auch Harmonie. Seine ganze Art und Weise hatte was Jungenhaftes, Unschuldiges, sich die Welt erobern wollen, wo ich, die ich immer so leicht zu Projekten zu überreden bin, dachte, da kann man zusammen loslegen, zusammen was machen. Ganz diffus, denn ich wußte ja erst mal nichts von ihm, aber da war was. Das fand ich natürlich ganz toll, mit jemandem, den ich liebte und mit dem ich zusammen war, auch zusammen zu arbeiten. Das ist so eine Traum- oder Idealvorstellung von mir, daß das funktioniert.»

Luise und Fritz zogen bald zusammen und gründeten zusammen einen kleinen Verlag.

«Es fiel am Anfang in diesem gemeinsamen Projekt nicht so auf, daß ich die treibende Kraft war, was die Arbeit anbelangte, und nicht nur treibend, sondern auch sehr zuverlässig. Im Laufe der Beziehung war es ja so, daß wir mit Begeisterung viele Dinge gemeinsam angefangen haben, Fritz dann irgendwann die Lust verlor, weil der kreative Teil beendet war und es um die Fertigstellung von Projekten ging. Das war dann immer mein Part, der mehr oder weniger lästige Teil, der aber sein mußte, um überhaupt etwas fertigzustellen. Dabei habe ich eine mütterliche Rolle gespielt, nicht, weil ich ein mütterlicher Typ bin, sondern weil er froh war, was an mich delegieren zu können, daß ich dann auch alles gemacht habe.»

«Wie ein Sohn...»

«Der mich immer wieder betört hat.»

«Das hatte eine Zeitlang doch eine gewisse Attraktivität für dich?»

«Aber auf jeden Fall. Ich hätte gern diesen betörenden jungenhaften Charme genossen, ohne die Mutti sein zu müssen, aber ich hab mich nicht dagegen gewehrt.»

«Wann hat sich das für dich umgedreht?»

«Der Verlust an Attraktivität, der kam wirklich schleichend, Häppchen für Häppchen. Das setzte nach sieben Jahren ein bei dem ersten größeren Projekt, das nur wir beide gemacht haben. Zum Schluß stand ich ganz alleine mit der ganzen organisatorischen Abwicklung, während er tatsächlich auf dem Sofa lag und schnarchte.

Ich war immer verantwortlich dafür, daß die normalen Dinge des Alltags, der Arbeit und des Lebens liefen.»

«Hatte das auch Auswirkungen auf eure Liebe, eure Sexualität?»

«Dadurch, daß man sich gegenseitig plötzlich mit anderen Augen sieht, geht auch viel von der sexuellen Attraktion verloren. Und das Begehren wiederzufinden und zu erleben ist nicht mehr so natürlich und nicht mehr so selbstverständlich, sondern muß dann herbeigeführt werden. Die spontane Lust, die Freude aneinander wird seltener. Es ist dagewesen, immer noch, aber seltener als vorher.»

«Hast du dich als Frau anders gefühlt? Wie war dein Selbstbild?»

«Ich war einfach überfordert. Ab irgendeinem Zeitpunkt setzte sich das Gefühl der Überforderung immer mehr in mir fest, und ich kam da auch nicht raus.»

«In den letzten fünf Jahren eurer Beziehung hat sich bei euch der Kinderwunsch ja sehr in den Vordergrund gedrängt.»

«Ja, obwohl ich immer Angst davor gehabt habe. Weil ich dachte, mich durch ein Kind richtig festsetzen zu müssen. Aber irgendwann tauchte der Wunsch doch auf. Ich hatte trotz der sich schon anbahnenden Probleme mit unserer Rollenverteilung immer noch das Gefühl, in der Beziehung ein Kind haben zu können, ohne daß das in eine Sackgasse führen müßte, in so eine absolut verspießerte oder bürgerliche Sackgasse. Ich hatte den Eindruck, wenn wir ein Kind hätten, dann könnten wir uns die Verantwortlichkeit auch wirklich teilen.»

«Woher hast du denn diese Zuversicht genommen?»

«Ja, wenn ich das wüßte! Keine Ahnung. Alles sprach ja dagegen, aber in dem Punkt war ich mir relativ sicher.»

«In puncto Verantwortlichkeit warst du ja eigentlich ein gebranntes Kind.»

«Total.»

«Trotzdem warst du dir gewiß, daß dieses Kinderprojekt gleichberechtigt gehen würde?»

«Ja. Verrückt, nicht? Es ist völlig verrückt, aber ich war mir dessen gewiß.»

«War das stärker dein Kinderwunsch oder der von Fritz?»

«Im nachhinein würde ich sagen: stärker Fritz. Ganz am Anfang, als wir uns gerade kennengelernt hatten, hat Fritz öfter gesagt, er hätte gerne mal ein Kind. Aber der Wunsch ist dann jahrelang nicht mehr aufgetaucht, war nie ein Thema. Heute vermute ich, aber ich habe den Punkt noch nicht so genau überprüft, daß ich es dann zum Thema gemacht habe.»

«Weil du die biologische Uhr ticken hörtest?»

«Ja, und ich plötzlich das Gefühl hatte, daß ein Kind auch für mich was Schönes wäre. Aber ich wurde nicht schwanger. Anderthalb Jahre lang nicht, obwohl wir nicht verhütet haben. Dann war ich schwanger und hatte nach drei Monaten eine Fehlgeburt, und das war der Anfang vom Ende unserer Beziehung. Dann kriegte die Beziehung so was Zwanghaftes, vor allem von Fritz' Seite, nach dem Motto: So, jetzt muß hier ein Kind gemacht werden. Unsere Sexualität wurde absolut funktionalisiert. Da gab's für mich kein Entrinnen. Ich wußte nicht, wie ich da rauskommen sollte. Ich habe mich trotzdem immer wieder darauf eingelassen. Das kann man nur als Masochismus bezeichnen, weil ich auch selber darunter gelitten habe.»

«War das vielleicht dann auch für dich was, wo du dich beweisen wolltest?»

«Ja, hm.»

«Diese gemeinsamen Projekte, waren die nicht auch so 'ne Art Kind: gemeinsam gezeugt, aber ausgetragen letztlich von dir.»

«Ja, genau.»

«Und bei dem Kinderprojekt wurdest du auch in die Pflicht genommen, etwas zu vollenden.»

«Ja», sagt Luise, «wie gehabt: Wir fangen was gemeinsam an, aber vollenden muß ich es.»

«Warum hast du weitergemacht, weiter versucht, ein Kind zu kriegen und auch diese Beziehung weiter zu leben?»

«Vielleicht war es immer noch der Glaube an eine Utopie.»

«War das erotisierend für dich?»

«Ich denke ja.»

«Eine Projektion, ein Wunsch, eine Phantasie, wie es sein könnte?»

«Hm. Was es sein könnte... Es spielt sich viel in der Phantasie ab.

Was in Wirklichkeit nicht ist oder sich nicht leben läßt. Was ich eigentlich genau weiß, weil es mich in Wirklichkeit ausbeutet.»

«Das Projekt Kind war euer letztes gemeinsames Projekt?»

«Das sollte nicht der Beziehung neue Dimensionen geben, sondern Fritz und seinem Leben. Das ist der Pferdefuß.»

«Habt ihr euch zusammen überlegt, wie euer Leben mit Kind aussehen würde?»

«Das, was wir uns überlegt haben, war ja nur so halbrealistisch. Glaube ich. Weil wir die wichtigen Grundfragen, wer geht arbeiten, wer verdient das Geld, wer kümmert sich ums Kind, immer etwas außen vor gelassen haben. Fritz sagte immer: Ja, das wird schon klappen, das machen wir schon. Und ich, scheinbar nicht klüger geworden in all den Jahren, habe gedacht: Wenn das dann soweit ist, wird das schon funktionieren. Ansonsten konnten wir uns wohl vorstellen, gemeinsam mit einem Kind umzugehen und in unser Leben zu integrieren. Aber wie gesagt, es waren die grundsätzlichen Fragen nicht geklärt. Zwar hat er immer gesagt, daß er sich um das Kind kümmern würde. Heute glaube ich, daß er eigentlich nur das tun wollte: sich ums Kind kümmern. Und ich sollte weiter für die finanzielle Versorgung der Familie zuständig sein.»

«Letztlich hatte das Kind gar nichts mehr mit eurer Liebe zu tun, war eher so eine narzißtische Ausbuchtung…»

«Ja, genau.»

«Eine narzißtische Beule von Fritz.»

«Ich glaube nicht, daß es für mich narzißtisch war. Ich wollte nie ein Kind ohne Beziehung haben. Dazu stehe ich nach wie vor. Mir erschien es in der Beziehung lebbar, bis ich dahinterkam, daß ich letztendlich doch die Hauptlast hätte tragen müssen.»

«Dann hat das Scheitern des Projekts Kind auch des Ende eurer Beziehung bedeutet?»

«Ja. Was sich mit der ersten Fehlgeburt schon abzeichnete, wurde dann mit der zweiten ganz deutlich: Eine riesige Distanz tauchte zwischen uns auf, tiefe emotionale Löcher. Es war deutlich zu merken, daß Fritz sich ganz bewußt emotional immer weiter von mir abgewandt hatte.»

«Fandest du ihn zuletzt noch begehrenswert?»

«Ab irgendeinem Punkt nicht mehr, weil unser Zusammensein immer mit dem zwanghaften Kinderwunsch in Verbindung stand. Das konnte ich nicht mehr trennen. Das war auch nicht mehr zu trennen. Jedesmal, wenn wir zusammen schliefen, stand das im Raum. Fritz sprach es sogar aus, bis ich es nicht mehr ertragen konnte. Ich wurde einfach nur funktionalisiert. Das sage ich von meinem jetzigen Standpunkt aus, und ich wünsche mir auch nie mehr einen Mann, der mich dazu bringen will, ein Kind zu kriegen. Will ich nicht mehr. Das möchte ich für mich überwunden sehen. Vielleicht kriege ich von mir selber aus irgendwann noch mal einen Rappel, was ich mir zwar nicht vorstellen kann, oder möchte ein Kind adoptieren, was ich mir eher vorstellen kann. Aber ich möchte keinen Mann mehr haben, der mich damit traktiert.»

«Das Mehr, was durch das Kind entstehen sollte, in der Beziehung zu Fritz, ist ja dann zu einem grandiosen Verlust geworden. Hast du ein Gefühl von Unvollständigkeit gehabt in der Zeit?»

«Zumindest nach den Fehlgeburten. Das schlich sich ganz heimlich nach der ersten Fehlgeburt ein, wurde dann immer stärker. Nach der vierten Fehlgeburt, einer Bauchhöhlenschwangerschaft, wurde ich das Gefühl nicht mehr los, als Frau unvollständig zu sein. Es war meine Schuld, daß wir kein Kind hatten. Die Frage, was mit mir bloß alles verkehrt läuft, hatte sich schon festgesetzt.»

«Ist das von Fritz bestärkt worden?»

«Aber natürlich. Manifest und wortwörtlich. Das ist ihm sogar zweimal rausgerutscht: Du bist schuld, das wir keine Kinder haben. Also genau das, was immer so an mir genagt hat, hat er in einer unkontrollierten Situation ausgesprochen. Was er jetzt natürlich leugnet. Aber ich erinnere mich genau, daß er es gesagt hat und damit ins Schwarze getroffen hat.»

«Was in seiner Vorstellung wohl auch so war. Weil du das Kinderprojekt nicht vollendet hast.»

«Ich hab's nicht vollendet. Deswegen ist mir ja jetzt, als seine neue Freundin eine Schwangerschaft nicht austragen konnte, ein Stein vom Herzen gefallen, daß doch nicht alles nur an mir lag.»

«Letztlich hatte er ja die Partnerin ausgetauscht, um sein Ziel wei-
terzuverfolgen. – Was ist dein Eindruck, dein Gefühl? Warum ist ein
Kind so wichtig für ihn?»

«Er hat mal gesagt: Wenn ich kein Kind kriege, dann ist alles sinnlos.
Und ich glaube, es ist ihm so wichtig, weil er sich dahinter verstecken
möchte. So eine Vermeidungsstrategie: Nicht an die eigenen Probleme
rangehen zu müssen, sondern er möchte sich mit dem Kind so etwas
Handfestes herzaubern, was ihn auf Trab hält. Das Wegschieben der
inneren Bilder und des eigenen Unglücks. Ein Ablenkungsmanöver,
so muß er nicht versuchen, sein Leben auf die Reihe zu kriegen.»

«Nancy Friday vertritt in ‹Wie meine Mutter› ja die These, daß
manche Frauen Kinder bekommen, um sich nicht dem Leben zu stellen. Sie können dann in einem behüteten und relativ sicheren Zustand
sein und müssen sich nicht um ihre eigene Weiterentwicklung kümmern.»

«Das wäre in unserem Fall bei dem Mann so gewesen.»

«Kann man sagen, daß er Vater werden möchte, weil er eigentlich
nicht erwachsen werden will?»

«Das ist sehr griffig formuliert und einfach zutreffend.»

«Daß zwei Erwachsene zusammenleben können, ist eines der größten
Wunder; in den meisten Fällen können sie es wirklich nicht, was nur
dadurch verdeckt wird, daß sie auch nicht auseinanderkönnen.»
(Ludwig Marcuse)

Unsere Eltern haben uns die Bilder von Paaren mitgegeben, von
Ehepaaren, die in erster Linie keine Liebespaare waren, sondern El-
ternpaare. Sie waren die Vorbilder. Sie waren die ersten, in deren
Augen wir lesen konnten, ob sich das Leben und die Liebe lohnen
oder auch nicht.

Wir, die Kinder, jetzt selber erwachsen und Eltern, großgeworden
in den tristen Fünfzigern oder frühen Sechzigern. Von dieser Kindheit
und Jugend sind wir geprägt. Wie unsere Eltern lebten und liebten,
hat Spuren hinterlassen.

Wenn ich zurückblicke auf diese Zeit, dann kommen mir die Männer und Frauen so erotisch vor wie selbstgehäkelte Topflappen.

«Meine Eltern und Sex? Tut mir leid, da kann ich nur lachen.» Und Katrin prustet lauthals los. «Das kann ich mir beim besten Willen nicht vorstellen. Ich glaube, mich hat doch der Storch gebracht.»

Sicher haben wir die Varianten von Liebe und Begehren unserer Eltern nicht sämtlich entschlüsseln können und wollen. Dafür gab es Doppelbotschaften. Zu dem ganzen Ehe- und Liebespaket: Schaut, wie herrlich das Mutterdasein ist! Aber warum läuft sie dann so trist durch die Gegend? Und der Mann, der Vater, der Ernährer, warum ist er so lächerlich um Würde bemüht? Fürchtet er um seine Autorität, der Gute?

Warnungen, Klagen, Horrorgeschichten, wenn es um das geht, was uns erwartet, wenn wir nur einen falschen Schritt tun. Ja, tatsächlich schien sich ja dieser ganze Liebesaufwand nicht zu lohnen, wenn dann so was Enges, Frustiges, Abhängiges daraus wurde, ungefähr so großartig wie der Gummibaum im Wohnzimmer im Vergleich zu einem Tropenwald.

Das geheime Land von Liebe und Sexualität, gab es das wirklich in den kühlen, sorgfältig gelüfteten und aufgeräumten Schlafzimmern mit den Ehebettsärgen und Besucherritzen? Ging hinter den blickdichten, stecknadelgesteckten Falten der Gardinen wirklich die Post ab?

Lag die Verheißung vielleicht in ganz anderen Lebensformen – unverheiratet, kinderlos, ledig – frei? Aber ein Blick auf die unverheirateten Frauen und die Junggesellen zeigte gar keine so unbedingt reizvollere Variante. Und die öffentliche Meinung war nun ganz und gar nicht auf deren Seite.

Luise erzählt über ihre Mutter, die als Witwe ihre Tochter allein großzog: «Vierzehn Jahre lebte meine Mutter scheinbar ohne Mann, ohne Liebe und Sexualität. Und vierzehn Jahre hörte ich, sie verzichte nur meinetwegen...»

Anständige Mütter hatten keine sexuellen Bedürfnisse. Entweder zeichneten sich die damaligen Singles durch ein völlig absentes Liebesleben aus oder, wenn sie eins hatten, dann galten sie als gesellschaftliche Misfits. Nicht, daß wir es als Kinder so genau wissen wollten, und außerdem finde ich, ging uns es auch nichts an.

Am angenehmsten waren Eltern doch sowieso, wenn sie irgendwo im Hintergrund blieben, für einen sorgten und einen ansonsten in Ruhe ließen, beim Träumen, Spielen und später bei den eigenen ersten Liebesversuchen.

Aber im nachhinein sind die Erinnerungen daran, daß unsere Eltern auch ein Liebespaar waren, befreiend und aufbewahrenswert. Eine Freude darüber, daß sie es gut miteinander hatten und trotz ihrer Kinderschar zueinanderfanden – diese kleinen und großen Störenfriede gelegentlich austricksen konnten.

Ich will nicht den Eltern die Schuld in die Schuhe schieben, sondern zeigen, was für Bilder von Paaren wir im Kopf haben, wenn wir unsere Eltern verlassen und uns selber zu Paaren finden oder auf der Suche nach dem Partner sind.

Ich habe Bettina zu mir eingeladen. Wir haben zusammen gegessen, über ihre neue Wohnung gesprochen und was da noch alles getan werden muß. Bettina ist vierzig und lebt allein. Ihr zwölfjähriger Sohn ist eine Woche bei ihr, eine Woche bei seinem Vater, von dem Bettina geschieden ist. Wir trinken Weißwein, und nachdem wir uns die letzten Neuigkeiten aus unserem gemeinsamen Bekanntenkreis erzählt haben, beginne ich mit dem Interview.

«Das war ganz klar», sagt Bettina. «Heiraten wollte ich auf gar keinen Fall. Das wär das absolut letzte gewesen. Ich habe immer diese Ehe meiner Eltern vor Augen gehabt und gedacht: Nee, so doch im Leben nicht!»

«Was empfandest du als so besonders abschreckend?»

«Nichts hat da gestimmt. Ich habe immer nur diesen ganzen Ärger mitgekriegt, den die miteinander hatten. Die haben sich ständig gestritten. Ich hatte auch nicht das Gefühl, daß sie sich liebten. Ich habe gegenseitige Achtung vermißt, den anderen ernst nehmen. Dazu gehört doch auch, daß man nicht über alles hinweggeht, als wären es Kleinigkeiten, als wäre alles, was der andere möchte, unwichtig. Aber dann über den anderen bestimmen. Bestimmen, was gemacht werden soll, gedankenlos, so gar nicht den anderen sehen, wirklich. Es hat mich total gestört, daß da so wenig an wirklicher Beziehung war. Ich habe die auch nie in einer zärtlichen Situation erlebt, nie händchenhaltend, Küßchen geben, nie eine zärtliche Umarmung. Was ich vor allen Dingen so furchtbar fand: daß mein Stiefvater meine Mutter nie beim Vornamen nannte. Ganz schrecklich! Sie haben nichts von ihrer Beziehung nach außen gelebt. Sie sind auch abends nie zusammen weggegangen. Die haben nur zusammen gearbeitet.»

Ein paar Tage später besuche ich Julius in seinem Atelier. Er ist Maler, vierzig Jahre alt, ein sehr attraktiver Mann mit jungenhaftem Charme. Mir gefallen seine Bilder. Wir kennen uns überhaupt nicht, und ich bin überrascht, daß er meine Fragen so offen beantwortet.

Das Elternthema findet er schwierig, «aber das wird wohl jeder sagen. Natürlich sehe ich die händchenhaltend vor mir, das werden sie wohl noch heute machen. Sie sind nun schon urlange verheiratet. Aber eigentlich war es keine sehr schöne Sache, die ich mir da angukken mußte. Wie zwei Menschen zusammenhängen, einer auf Kosten des anderen, wie es leider oft ist. Und dies bekannte Hausfrauendasein meiner Mutter, eben keine eigene Arbeit, kein eigenes Geld verdienen, diese Aufopferung. Eine große Familie macht viel Arbeit. Wie die Frauen dann nach zwanzig, dreißig Jahren aussehen, finde ich nicht so unbedingt erfreulich.»

«War bei deinen Eltern mal eine erotische Spannung zu spüren?»

«Ich kann mich nicht erinnern. Ich glaube eher nicht. An das Gefühl, da knistert es, gleich passiert was, wir Kinder sollen verschwinden, daran kann ich mich nicht erinnern.»

«Fünf Kinder haben ja wohl auch eine Menge des Alltags eingenommen?»

«Der war auch eher grau und trübe. Meine Erinnerungen sind nicht so besonders erfreulich.»

«Haben deine Eltern ein eigenes Leben gehabt, in dem sie ihre Beziehungen abgegrenzt haben von ihren Elternpflichten und ihrem Elterndasein?»

«Mein Vater mußte beruflich viel unterwegs sein und hatte da seinen Freiraum. Meine Mutter dagegen war doch sehr stark auf Haushalt und Kinder fixiert, völlig abhängig von seinen Ideen. Diese grauenhaften Spaziergänge am Sonntag, en famille, zum Beispiel…

Meine Mutter hat versucht, etwas für sich zu tun, Kurse an der Volkshochschule besucht, Ausbrüche aus dem Alltag unternommen, aber sehr weit ist sie nicht gekommen. Sie hatte auch künstlerisch eine sehr starke Begabung, aber die ist auch verkümmert.»

«Haben deine Eltern als Paar, unabhängig von Kindern und Haushalt, etwas gemacht?»

«Selten. Sie waren eher auf die Familie bezogen als aufeinander, außerdem sehr konformistisch, sehr streng, sehr äußerlich, sehr formal. Das bekamen wir zu spüren und haben darunter gelitten. Andererseits hatten wir nicht das Privileg der Wunschkinder, also grenzten sie uns mehr oder weniger aus. Meine Eltern waren sehr protestantisch und lehnten schon den Gedanken an eine Abtreibung ab. Eher galt: Ihr Kinderlein kommet. So setzten sie dann auch fünf Kinder in die Welt. Obwohl man bei den beiden eigentlich hätte sagen müssen: Bei ein, zwei Kindern ist Schluß, am besten gar keine. Denn die beiden bewachten sich eigentlich nur gegenseitig, sehr eifersüchtig, selbst den Kindern gegenüber.»

Julius seufzt: «Also, das war alles ganz schrecklich.»

«Hast du mit deinen Eltern über Sexualität sprechen können?»

«Nein. Das galt als absolutes Tabuthema. Mein Vater hat mich wohl mal aufklären wollen. Das war eher lächerlich. Da war ich vierzehn. Er war sehr erleichtert, als ich wie ein Erwachsener abwinkte. In Wahrheit wußte ich überhaupt nichts, jedenfalls nicht sehr viel. Meine Eltern haben sich den Kindern gegenüber sehr abgeschlossen, und das hat auch was mit Körperlichkeit zu tun gehabt. Es gab keine Umarmungen oder so zwischen uns Kindern und den Eltern. Das ist heute teilweise selbst unter uns Geschwistern so, wir fassen uns kaum an. Die Eltern sowieso nicht. Wir haben ein sehr verquastes Verhältnis untereinander. Aufgrund der Erziehung hatte ich Probleme vor allem mit Frauen. Sie zogen mich wahnsinnig an, auch thematisch. Ich habe das immer wieder gemalt, gerade auch Sexualität und Erotik, Kommunikation zwischen den Geschlechtern. Das beschäftigt mich stark, nach wie vor.»

«Hattest du Vorstellungen vom Zusammenleben mit einer Frau?»
«Nee. Harmoniegefühle, Zusammensein, eine Höhle bauen? Solche Vorstellungen habe ich nie gehabt. Auch heute nicht.»

Simon kommt auch aus einer Familie mit mehreren Kindern. Er verlebte seine Jugend in einer Kleinstadt. Kann er sich an Situationen erinnern, in denen seine Eltern nicht nur Elternpaar, sondern auch Liebespaar waren? «Ich kann mich nur an das Stöhnen aus dem Schlafzimmer erinnern. Aber ich habe keine Bilder von einem liebevollen Umgang miteinander, da war wenig Zärtlichkeit. Und meine Mutter ist bis heute hochhysterisch, und ich glaube, daß Hysterie der Killer der Liebe ist. Sowohl der Kinderliebe als auch der Eheliebe, der Liebe zwischen zwei erwachsenen Menschen.»

«Wenn man das von den Eltern nicht mitbekommt, sich lieben, anfassen, zärtlich sein usw., dann gibt's ja manchmal andere Menschen, die einem diese Bilder vermitteln.»

«Mein Glück war, daß ich einen Freund hatte. Seit meinem dreizehnten Lebensjahr, da fing's ja an mit den Beziehungen, war ich mehr bei ihm als zu Hause. Ich hab da häufig übernachtet. Dort gab es Offenheit: Die Tochter lag mit ihrem Freund nackt im Garten, und sie haben geschmust und waren zärtlich zueinander. Das waren so Bilder, auch die Eltern waren einfach zärtlich zueinander. Da herrschte so ein Klima, das Zärtlichkeit möglich machte, in dem sie etwas völlig Alltägliches darstellte. Das war ein Gegenbild. Gut, daß es solche Menschen gab, als ich so alt war. In die Schwester meines Freundes war ich auch etwas verliebt. Ich erinnere mich an etwas sehr, sehr Warmes, was vielleicht so ein anderes Bild geprägt hat.»

«Deine Eltern lebten in einer ganz traditionellen Rollenverteilung?»
«Na klar», antwortet Simon.

«Hast du das Gefühl, daß deine Mutter in ihrer Rolle als Mutter eine gewisse Befriedigung gefunden hat?»

«Das glaube ich schon. Sie war auch von dieser schlimmen übertriebenen Liebe zu Kindern erfüllt, eine völlige Identifikation mit dieser Rolle. Das ist das Gift in der Mutterliebe. Selbst die Muttermilch wird giftig. Diese Vereinnahmung fängt schon mit dem Stillen an.»

«Und dein Vater?»

«Der war im Krieg gewesen, so mit siebzehn, achtzehn. Er hat sich mit diesem Kriegspielen identifiziert, war in Gefangenschaft. Er mußte also seine Emotionen nach dem Krieg abkappen. Er kam nicht mehr dran. Das hat sein Verhältnis zu Frauen ganz stark geprägt. Er konnte einfach nicht mehr hochstarten, denn da lauerten die Identifikationen, die er nicht mehr zugeben durfte.»

Lea ist 43 Jahre alt und hat die Fünfziger-Jahre-Kindheit in einer heilen Familie verlebt. «Meine Eltern sind ein sehr seltsames Paar. Als Kinder wurden wir nie in irgendwelche Kräche oder Auseinandersetzungen reingezogen, was den Vorteil hat, daß man nicht viel Streß aushalten muß, und den Nachteil, daß man gar nicht lernt, damit umzugehen. Keine Konflikterfahrung. Überhaupt nicht. Meine Eltern haben sich mit Sicherheit gezankt, aber nicht in Gegenwart der Kinder, und zwar bis heute nicht. Konflikte gab es natürlich, dann gab sich Vater oder Mutter mucksig. Man trug sie nicht aus, sondern beschwieg sie. Es gab überhaupt keinen Krach, weder zwischen den Eltern noch zwischen den Eltern und uns. Als wir jung waren, zur Schule gingen, da war das ganz heile Welt, die Mama war Hausfrau und Mutter, der Papa brachte das Geld nach Hause, wie in der Fibel.»

«Waren deine Eltern ein zärtliches Paar?»

«Nö. Eher ein neutrales Paar, das nicht böse aufeinander war. Es gab aber auch keine öffentliche Zärtlichkeit. Vertrauen ja, und man fuhr an Sonntagen im Auto friedlich über Land, aber offene Zärtlichkeiten überhaupt nicht.»

An so ein Gefühl, jetzt verabschieden die sich und gehen miteinander ins Bett, kann Lea sich nicht erinnern.

«Ich glaub schon, daß die was miteinander hatten. Meine Mutter war eine sehr schöne Frau mit so weiblichen Attributen wie langen lackierten Fingernägeln, Make-up, Parfum, schöngemachten Haaren. Sie ging zum Friseur, zur Schneiderin ... Es gab Partys, aber wir Kinder waren davon ausgeschlossen. Also unabhängig von uns Kindern haben sie schon ein geselliges Eigenleben geführt. Meine Eltern gingen unheimlich viel aus, sie hatten ja ihre Jugend im Krieg ohne große Vergnügungen verbracht, und da haben sie nach dem Krieg ihre Jugend nachgeholt und viel unternommen. Sie machten sich hübsch zurecht, was ich wunderbar fand. So ein Paarleben hatten sie, aber eher außerhalb, nicht zu Hause. Zu Hause lief normales Familienleben ab, auch ziemlich getrennt voneinander. Meine Mama war zu Hause und der Papa meistens außer Haus. Ganz klassische Rollenverteilung, und so bin ich auch erzogen worden.»

Charles will mir von seiner englischen Kindheit erzählen. Wir hören erst mal mit Begeisterung LPs von Elvis Presley, Roy Orbison und Paul Anka, eben die Musik, die seine adoleszenten Liebessehnsüchte begleitete. «Was waren deine Eltern für ein Paar? Konntest du dir vorstellen, daß die was miteinander hatten?» frage ich ihn.

«Ich erinnere mich, als ich so neun oder zehn war, habe ich sie zufällig erwischt, wie man als Kind seine Eltern erwischt. Da saß meine Mutter kichernd auf dem Knie meines Vaters, so halbnackt hab ich das in Erinnerung. Die waren wie ein junges verliebtes Paar.

Sonst gingen sie auf eine gewisse englische Weise miteinander um. Hättest du sie zufällig in einem Coffee-Shop gehört und gesehen, da hätten sie sich wie viele englische Paare verhalten, die relativ förmlich miteinander umgehen, also sehr höflich. Sie hatten auch Streit, aber das hat man nur schwelen gespürt. Vor den Kindern haben sie das nie so richtig ausgetragen, bis auf einen Ausbruch meiner Mutter, als sie mal aus irgendeinem Grund eine volle Kaffeekanne gegen die Wand geschmissen hat. Dies war dann eine außergewöhnliche Eruption…»

«Waren sie vor euch Kindern zärtlich miteinander?»

«Nee, das war eher eine Überraschung. Über ihre sexuelle Beziehung habe ich nie nachgedacht, weil ich wirklich keinen blassen Schimmer von Sex hatte. Das lag nicht in der Luft. Sagen wir so, wenn ich dafür die Antennen gehabt hätte, dann hätte ich das vielleicht irgendwann mal aufgepickt. Aber ich habe meine Eltern nie als sexuelles Paar gesehen, eher als vergeistigtes Paar, mit vielen Gemeinsamkeiten, mit Ritualen wie den *Observer* zusammen lesen; meine Mutter den Feuilletonteil, mein Vater den politischen Teil, und dann hatten sie relativ hitzige Debatten über dieses und jenes Thema. Mein

Vater hat meine Mutter neckend sozialistisch genannt, und sie hielt ihn für einen Teil des Establishments. Das erlaubte ihnen immer relativ gutgelaunte Debatten. Das war der Strom, den ich zwischen ihnen spürte, diese Diskussionen und ein fast japanisch ritualisiertes Leben.»

Klaus erinnert sich gerne an seine Kindheit und die Ehe seiner Eltern. «Die war in meinen Augen sehr gut. Also sehr viel Geborgenheit, Zuwendung, sehr harmonisch.»

«Waren sie auch ein zärtliches Paar?»

«Immer, auch vor uns, das war nie ein Problem, die haben sich immer geküßt, gedrückt, angefaßt.»

«War für euch auch klar, daß die was sexuell miteinander hatten. Wie war das für dich, diese Vorstellung?»

«Zwischen meinem Zimmer und dem meiner Eltern gab es eine Verbindungstür, die manchmal abgeschlossen war, und manchmal habe ich gehört, daß sie miteinander geschlafen haben. Zuerst hatte ich Angst vor diesen Geräuschen. Ich hatte das Gefühl, ausgeschlossen zu sein. Was mir angst machte.»

Klaus ist der einzige, für den die Beziehung seiner Eltern ein nachahmenswertes Vorbild darstellt.

«Ich hatte das Gefühl, daß es gut war und ich gerne auch so leben möchte. Das Problem daran war, daß ich mich so wenig gelöst hatte von zu Hause. In meiner ersten Ehe dachte ich, ich könnte etwas Eigenes schaffen. Aber wir beide waren noch so jung, gerade über zwanzig und noch mitten in der Entwicklung. Wir haben nicht nach den Bedürfnissen des anderen geguckt. Bestimmte Erfahrungen, die wir miteinander gemacht haben, hätten wir einzeln machen müssen.»

Ein Herz und eine Harmonie, auch so ein Traum vom Liebesglück, wobei wir gerne vergessen, daß dies kein Zustand, sondern allenfalls ein zeitweiliges Ergebnis sein kann. Aber diesen Prozeß, diese Auseinandersetzungen teilen Harmoniepaare selten mit. Gut, wir haben meist auch nicht nachgefragt.

Conny ist siebenundvierzig. Ihre Mutter war Kriegerwitwe und hat zwei Kinder alleine großgezogen. Nach außen hin wurde die bürgerliche Fassade der alleinlebenden, sich aufopfernden Mutter aufrechterhalten.

«Meine Mutter hatte einen Onkelfreund, den sie gesiezt hat, bis ich mit neunzehn aus dem Haus ging. Das bedeutet, daß es auch keine Zärtlichkeit vor uns Kindern gab. Die verabschiedeten sich dann abends förmlich: Guten Abend, Herr soundso. – Mir selbst ist es so gegangen, daß ich noch kurz vor meiner Hochzeit mit meinem Zukünftigen nicht zu Hause hätte knutschen können. Wir gingen spazieren. Die Atmosphäre zu Hause ließ Knutschen nicht zu. Ich habe mir das nicht gestattet. Habe gedacht, das darf nicht sein. Zärtlichkeit offen zu zeigen, das war tabu.»

«Trotzdem hast du doch gemerkt, daß deine Mutter nicht unbemannt durchs Leben ging?»

«Ich selbst bin vielleicht dadurch moralisch relativ frei. Sie hat zwar nicht öffentlich dazu gestanden, aber später zugegeben, daß sie mit diesem Mann gelebt hat. Deshalb habe ich eine Moral, die sagt, ich muß mein Leben so leben, wie es für mich gut ist. Trotz allem habe ich das mitgenommen. Ich hab mir dann einen Mann ausgesucht, der wenig Emotionalität gezeigt hat, einen Mann, der nicht zärtlich war. Das war kein Zufall. Trotzdem habe ich gedacht, mir fehlt was, da müßte was anders sein. Ich war oft unzufrieden in der Ehe und hab dann versucht darüber zu reden. Doch er blieb auf seiner Ebene. Ich weiß nicht, was du willst, du hast doch alles. Er hat nicht verstanden, was mir fehlt, und ich auch nicht. Ich hab's immer versucht zu verbalisieren, ich hab schon eine Vorstellung gehabt, wie's sein sollte. Sagte ich aber: Ich liebe dich, war seine Antwort: Liebe gibt's nicht. Das war Ende der sechziger Jahre. Liebe gibt's nicht. So 'ne emotionale Kacke braucht man auch nicht von sich zu geben.»

«Mein Vater hat seine Pflicht getan», sagt Franziska, «aber er war eigentlich an anderen Dingen wesentlich mehr interessiert. An seinen Liebschaften, seiner Karriere, seinen eigenen Sachen, so daß ich mir als Mädchen schon viel mehr Zuwendung gewünscht hätte, als ich real bekam. Ich kann mich auch kaum daran erinnern, daß der mit mir gespielt oder geschmust hätte. Das steht so ganz im Gegensatz zu diesem Verdacht des sexuellen Mißbrauchs. Ich habe eher das Gefühl, daß er sich für mich als Mädchen nicht interessierte, der war so mit seinem Leben, seinen Affären und diesen Dingen beschäftigt, daß der mich gar nicht wahrgenommen hat. Das kam dann erst später.»

Franzikas Vater war ein sehr erotischer, sexuell aktiver Mann. «Was hast du davon mitgekriegt?»

«Mir ist das erst später aufgefallen, als ich schon alleine wohnte, daß er immer so was Suchendes hatte. Wenn er in meine Wohnung kam, schaute er nach meinen Büchern, keine platten Sexbücher, hatte ich gar nicht, so Psychoanalytisches oder Bücher, die sich mit Sexualität befaßten, neue Frauenliteratur, Nancy Friday beispielsweise. Das fand er wohl ganz ganz spannend. Und ich hab dann irgendwann mal gemerkt, als ich Geburtstag hatte und mein Vater da war, wie er meine Freundinnen anguckte. Ich dachte: Hoppla! Er war sexuell immer aktiv, interessiert und ist da bei meiner Mutter, wie die das auch selber sagt, nicht so richtig auf seine Kosten gekommen. Von daher hat er auch immer irgendwelche Fremdgeschichten gehabt.»

«Die Beziehung deiner Eltern war weniger erotisch?»

«Die war weniger erotisch. Die hatten zwar auch in der Schublade Präservative. Wenn du als Kind da so rumgestöbert hast, hast du das gesehen. Wenn ich zum Beispiel bei Freundinnen war und da gesehen hab, wie Eltern schmusten oder sich küßten, vorm Fernseher oder so, dann fand ich das immer ganz befremdlich. Mal ein Wiedersehens- oder Begrüßungskuß, aber daß die erotisch geschmust hätten: Never! Anzüglichkeiten, erotische Signale? Ich erinnere mich ganz dunkel daran, als mein Vater einmal von einer längeren Reise nach Hause kam. Beide sind kichernd die Treppe hoch verschwunden. Da war ich so sechzehn oder siebzehn, und das fand ich dann eher klasse. Ansonsten war alles eher unerotisch. Obwohl meine Mutter eine sehr schöne Frau war. Deswegen hat mein Vater sich die auch ausgesucht. Die hat schon eine Menge versprochen. Gute Figur, schönes Gesicht und so. Ich glaube einfach, die hat nie gelernt, auf der Klaviatur der Sexualität zu spielen. Das war immer Sünde, der Meinung ist sie auch heute noch. Sie sieht ihr Defizit, kann aber nicht über ihren Schatten springen. Sie sagt selber, der Papa ist, was Sexualität angeht, nicht auf seine Kosten gekommen. Das sieht sie selbst, und das hat ja nichts mit körperlicher Attraktivität zu tun. Die wußte nicht, was sie mit ihren tollen Beinen machen sollte. Hat ihr eigenes Begehren gar nicht entwickeln können.»

«Gab's Kompensation durch die Kinder?»

«Ja, ich glaube schon. Eine gute Hausfrau zu sein, das Haus in Ordnung zu halten, den Garten, damit hat sie sich beschäftigt. Da gab's auch Freundinnen, Nachbarinnen und Kaffeeklatsch. Das gleiche Niveau, da waren keine verruchten, laszíven Frauen. Wenn eine den Führerschein hatte oder im Beruf stand, war das schon eine ganz tolle Frau für meine Mutter. Oder wenn eine Frau alleine eine Reise machte. Meine Mutter hat sich mit Haushalt und Mutterdasein, worin sie auch wirklich gut war, ihre Lust weggeschafft. Die hatte keinen Putzfimmel, das kann man wirklich nicht behaupten, aber sie war mit anderen Sachen beschäftigt. Die hatten auch immer was miteinander. Da lief sicher etwas. Aber es war nicht so, daß die so eine exzessive Sexualität gelebt hätten. Das hätte ich ja mal mitgekriegt, das hätte ich ja mal gehört oder ... Mein Vater hätte die schon sehr gerne verwöhnt. Ich weiß, wir haben ihr mal zum Muttertag ein teures Gesichtswasser geschenkt, worüber sich eine Frau, die mit einem Mann was hat, schon auch freut. Aber sie sagte nur: Da kann ich doch auch Gurkenscheiben nehmen. Immer praktisch: Kaufen wir dem Kind ein Paar Schuhe, und ich nehme Gurkenscheiben. Teure Wäsche, teure Strümpfe hätte sie nie eingesehen.»

«Wo kommen denn deine Vorbilder und Vorstellungen her?»

«Erst mal alles, was anders war als meine Mutter. Da bot sich mir ja ein unglaublich breites Spektrum: die eher selbständige Frau, die sich ihren Liebhaber auswählt; überhaupt alles Laszive, Verruchte; sich schminken, Stöckelschuhe anziehen, für den Geliebten, Strümpfe mit Strapsen, diese ganze Palette. Da muß ich gar nicht lange überlegen.»

Und wir, die Eltern der siebziger Jahre, waren wir überhaupt Eltern? Waren wir nicht, zumindest zeitweilig, in paarweisen Arrangements in all diese WG- und Beziehungsexperimente verstrickt? Hatten wir unseren Kindern nicht ein Sortiment von Bezugspersonen hingestellt, hinter denen wir uns als Eltern prima verstecken konnten? Nicht, daß wir verantwortungslos gewesen wären! Aber bewegten wir uns nicht selber wie die Krabbelkinder in unseren chaotischen Beziehungskisten? Wollten wir uns nicht mit der antiautoritären Erziehung unserer Kinder selber erlösen, befreien von der Stummheit und Prüderie unserer Eltern? Sexualität schien so befreiend, im Gegensatz zur Liebe, die war bürgerlich, besitzergreifend. Dieses sexuelle Utopia.

Die nachwachsende Elterngeneration, die Zwanzig- bis Dreißigjährigen, also Kinder der aufgeklärten endsechziger und siebziger Jahre, sind schon eher Trennungs- und Krisenexperten: erfahrene Jongleure in undurchsichtigen Beziehungen und wechselnden Verhältnissen.

Eine Fülle an erotischen Vorbildern erdrückt uns bis heute nicht, im Gegenteil: Der Mangel lebt. Was uns die Medien vorführen, ist die romantische Kennenlernsituation mit dem Feuer der ersten Verliebtheit, ist die Liebe im Extremfall, ist die gewaltig lodernde Leidenschaft – je verbotener, desto lieber –, die nicht unbedingt zu längerfristigen Beziehungen mit Kleinkredit, Kleinwagen und Kleinkind führen. Wie aber hält man die Glut, bewahrt die Liebe davor, in den Niederungen des Alltags zu verkümmern, vor allem dann, wenn auch noch Kinder dazukommen? Wie rettet man die Liebe im Alltag mit Kindern? Geht das überhaupt?

Fröhliche Utopisten könnten mal ihre Eltern befragen: Hat sie die Situation erfinderischer gemacht, auf Trab gehalten, oder vertrocknete und verkümmerte das Liebesleben? Was haben unsere Eltern für sich getan? Sicher wär's hochinteressant, wenn wir als Erwachsene unterschiedlichen Alters uns über Liebe und Sex austauschten. Wie kommen wir zwischen «Trieb und Trott» zurecht? Ganz sicher wäre das spannender als Mamas neueste Kochrezepte oder Mittel gegen Krampfadern und Papas Thesen über Frauen, die nicht Auto fahren können.

Es ist eine gute Vorstellung, daß die eigenen Eltern lebendige, verletzliche, liebende und begehrende Menschen waren oder sind. Und ihr Leben mit erwachsener Diskretion und Zurückhaltung lebten, ohne ihre Kinder in ihr «intimes Leben» hineinzuzerren. Jetzt, wo wir keine Kinder mehr sind, könnten wir eine andere Ebene finden, hofft die fröhliche Utopistin.

Und es ist ja nun mal so: Je mehr Bilder wir haben, um so besser können wir wählen, wie wir leben wollen. Und es ist ganz gewiß ein Gewinn, mit falschen Vorstellungen aufräumen zu können: statt der verschwommenen Schnappschüsse neue scharfe Fotos!

Mythenblüten
Familien im Zwang zum Glück

> Wer sich in Familie begibt,
> kommt darin um.
>
> *(Heimito von Doderer)*

*B*ei uns ist jeder Tag ein schöner Tag. Schon zum Frühstück, im morgendlichen Sonnenschein, versammeln sich ausgeschlafen und ebenso frisch wie der junge Tag Vater, Mutter und zwei Kinder. Da wird gelacht und gescherzt, während wir uns aufmerksam die Margarine für die knackfrischen Brötchen reichen. Keine schlechte Laune, mit der Morgenmuffel die Stimmung vermiesen, kein schlechter Atem, der frühe Küsse verhindert, kein schlechtes Wetter, das uns den Tag trüben könnte.

Bei Margarines herrscht Sonnenschein rund um die Uhr. Da feiert die generationsübergreifende Großfamilie weiße Hochzeit, und nur der Kaffee, aber wirklich nur der Kaffee, der falsche natürlich, kann für einen Augenblick den perfekten Traum stören.

Da kommt der studierende Sohn nach Hause, und immer noch hält Mama seine Lieblingskekse bereit, und die Kleinsten bekommen von den reizendsten Opas nur die gesündesten Obstsäfte.

So schön kann Familie sein!

Wir wissen alle, was diese Bilder in unseren Köpfen und in unseren Herzen anstellen. Und wir wissen auch, daß sich diese Werbefamilien auf ähnlichem Kitschniveau befinden wie die nostalgischen Verklärungen aus dem 19. Jahrhundert. Und wir wissen vom kommerziellen Nutzen solcher gesofteten heiligen Familienbilder.

Meine Vermutung ist, daß in heutigen säkularisierten Zeiten gute neunzig Prozent unserer Schuldgefühle und Unzulänglichkeitsgefühle von der Werbung herrühren.

Wir sind zu dreckig, zu unorganisiert, zu mißmutig, zu häßlich und zu alt sowieso. Wir sind einfach so wenig perfekt, so unzulänglich.

Und daß unsere Kinder meist nicht drollig, sondern dröge sind, unsere Männer öfter nervig als nett, unser Familienleben auf den Hund kommt und wir keine Zeit für ein gepflegtes Liebesleben haben, das liegt daran, daß wir eben die falschen Produkte kaufen. Denn sonst wären die Kids zufrieden, die Mütter und die Väter, wie im Fernsehen.

Wie sollen wir auch Abschied nehmen können von diesen Klischees, wenn uns Big Brother die Botschaft täglich ins Haus sendet?

Und wahrscheinlich hat jeder auch eine solche Idealfamilie im Bekanntenkreis.

Obwohl ich doch durch die libertinäre Schule der frühen Siebziger gegangen bin und zumindest die niederen Weihen der Frauenbewegung erhalten habe, nach jedem Besuch bei dieser Traumfamilie hätte ich nachts ins Kissen weinen mögen. Warum hatten die diese reizenden und ausgeglichenen Kinder, während mein Sohn gerade meist übellaunig vor sich hin pubertierte. Warum war mein Gatte nicht auch so charmant, sondern eher sperrig und nicht sehr komplimentefreudig?

Warum konnte ich nicht auch Tische so geschmackvoll decken und mit einer munteren Kinderschar kreative Bastelarbeiten vollbringen? (Mal ganz davon abgesehen, daß ich basteln hasse. Von Kindheit an.)

Bei uns, so schien es mir im Vergleich, gab's Konflikte, Krach und Katastrophen und bei denen Friede, Freude, Crêpe suzette, alles eitel Harmonie und Sonnenschein.

Ich hätte vor Neid ersticken können!

Tja, und dann kam es an den Tag: der galante Ehemann ein notorischer Fremdgänger, die Ehefrau gepeinigt von Selbsthaß und Eifersucht, wechselweise therapie- und tablettensüchtig, die älteste Tochter magersüchtig. Du meine Güte, dieser Schrecken saß so tief, daß ich gelobte, nie mehr neidisch auf solche Familienidyllen zu sein.

Aber so ein stilles Zehren ist geblieben, und ich weiß es auch von anderen Männern und Frauen, daß es sie zeitweilig heimsucht, diese gefährliche Sucht nach Harmonie: Sie läßt selbst Hartgesottene bei Hochzeiten weinen. Verbürgte Kinderhasser besuchen Weihnachten Freunde mit Kindern. Und diese rührenden Familienstorys, die jetzt allenthalben im Fernsehen wiederholt werden, aus der Blütezeit der

Familie, den Fifties, geben uns den Rest: diese Geborgenheit und Nestwärme, dieses Bollwerk gegen die böse und harte Welt dort draußen, all diese netten Sonn- und Feiertage.

Klar, wir wissen auch, die meisten Gewaltverbrechen finden im engsten Familienkreise statt: Mord, Vergewaltigung und Mißbrauch. Der potentielle Übeltäter sitzt eher mit uns am Familientisch und verdrückt die neueste Tiefkühlkost, als daß wir ihm zufällig in einem Nachtclub begegnen oder nachts an der U-Bahn-Haltestelle.

Wir wissen auch, daß die meisten von uns gar nicht mehr in dieser Familienform leben.

Um hier einmal die sicher sattsam bekannte Statistik zu bemühen: Das ist schon Allgemeinwissen, daß die Liebe schon nach vier Jahren kränkelt und nicht erst im verflixten siebenten Jahr, daß jede dritte Ehe geschieden wird, bald zwanzig Prozent alleinerziehend sind und die Lust auf Heiraten und Kinder stetig abnimmt.

Wenn ich mich umschaue, dann finde ich in meinem größeren Freundes- und Bekanntenkreis kaum sogenannte «normale» Beziehungen und Ehen, auch bei meinen Gesprächspartnerinnen und -partnern für dieses Buch nicht, und fast gar keine, die über die Silberhochzeitsgrenze hinaus wären und nicht nur sich aushalten, bis der Tod sie dann endlich scheide. Jemand schlug ja mal vor, Ehen oder Paare, die mehr als zwanzig Jahre zusammenleben, unter Denkmalschutz zu stellen. Die dürften sich dann aber auch nie mehr trennen. Mehrheitlich kenne ich Patchworkfamilien, Teilfamilien, Wahlfamilien – und Verwandtschaften, Lebensphasenpartnerschaften von unterschiedlicher Dauer, allenfalls serielle Monogamie. Meine Kinder, deine Kinder, unsere Kinder, das sind heute meist nicht die gleichen Kinder.

Und dennoch können wir nicht aufhören zu vergleichen: den schönen Schein mit unserem schnöden Sein. Da kommen wir einfach nicht gut weg. Auch unsere Liebesbeziehungen nicht. Vor allem, weil in den medial vermittelten Familienszenarios die Liebe kaum einen Platz hat. Säuberlich getrennt sind die sexfreien Kuschelwelten und Mamas Freude übers blitzblanke Badezimmer einerseits und die Paarwelten andererseits. Da werden die erotischen Phantasien bemüht, da darf Verführung, Leidenschaft, sogar Ekstase walten, auch schierer Spaß und schierer Übermut – da geht's dann aber auch um Parfums, Deos, Alkohol und modische Klamotten. Wir sehen diese Inszenierungen von Glück und Vertrautheit, diese zärtlichen und romantischen Gesten und vergleichen sie mit unserer Realität, mit der Realität der Gefühle, mit den Auseinandersetzungen, der Dynamik, der Unkontrollierbarkeit des wirklichen Lebens. Diese trügerischen statischen Bilder passen nicht auf unsere chaotischen Bewegungen im rauhen Meer des elterlichen Alltags.

Die Frage ist, ob sich das lohnt, das ganze Paket: Liebe, Familie, Beruf, Freunde und Hobbys. Der Abgesang an die Liebe findet zuerst in unseren Köpfen statt. Da, wo die alten Muster sitzen.

Was wir also bräuchten, wären keine neuen Mythen in modischen Gewändern, sondern einen humorvollen Realitätssinn. Und auch das Eingeständnis unserer Ambivalenz.

Anja, die nicht in konventioneller Kleinfamilienenge lebt: «Ich habe schon manchmal Lust, jedenfalls in meiner Phantasie, alle drei, Vater, Sohn und Tochter, auf den Mond zu schießen. Aber wenn, dann alle drei, und ich mache mich vom Acker. Mir ist das manchmal alles zuviel, und ich denke, dem Walter geht das genauso. Der für sich kommt mit manchen Dingen zu kurz, wie ich auch. Uns beide streßt diese zeitliche Einbindung, dieses absolute Gefordertsein. Darauf möchte ich manchmal gerne verzichten.»

Da fragen wir uns doch, die wir mit unseren thirtysomething oder fortysomething einer Generation angehören, die meinte, sie hätte alles über Bord geworfen: die ollen Mythen und Märchen, alte Regeln und Normen. Wir hatten die alten Vorstellungen gründlich zerschlagen und wollten statt dessen unseren Anteil an irdischen Freuden. Wir wollten alles, Liebe und Arbeit, Karriere und Kinder. Wir hatten von diesem Leben fröhliche Utopien und glanzvolle Visionen.

Dann haben wir bekommen, was wir wollten. Aber in unseren Herzen sieht es noch düster aus. Und wir wußten nicht, daß der Preis auch das sein würde: Einsamkeit und Isolation, alleinerziehende Mütter, nomadisierende Frauen und Männer, Liebes- und Eheexperimente mit oft üblem Ausgang. Wir wußten auch nicht, daß, mit Verlaub, die Männer so wenig mitziehen würden, sondern der Bequemlichkeit und dem Frönen in alter Männerherrlichkeit den Vorzug geben würden. Wir wußten auch nicht, daß in unseren Reihen die Kollaborateurinnen schon warteten, um die alten Männerphantasien von untertänigen Frauen und Müttern zu bedienen.

Um uns selbst nicht zu verraten, mußten manche von uns ihre Kinder und Männer verlassen. Unvorsichtigerweise hatten wir angenommen, auch sie würden von unserem neuen Selbstbewußtsein als Frauen und Menschen profitieren. Statt dessen haben sie Angst bekommen. Viele haben ihre Frauen verlassen und sind in die Klippschule der Frauenhasser und -verachter zurückgekehrt. Zum Glück nicht alle. Die besten unter ihnen haben die kämpferischen Zeiten durchgehalten und kapiert: Gleichberechtigung macht großzügig und kann der Liebe die Basis der Freundschaft geben.

Nun wissen wir aber auch, was wir schon immer ahnten: Männlichkeit ist kein biologisches Faktum und kein individueller psychischer Zustand, sondern ein kulturelles Produkt genau wie Weiblichkeit. Doch wohl, so fürchten Experten, ist Männlichkeit viel unsicherer und schwieriger zu erreichen als Weiblichkeit. Männer müssen sich stets beweisen, daß sie Männer sind. Und da haben sich weltweit ein paar typische Männlichkeitsbeweise herausgebildet: sexuelle Potenz und der Hang zu Gewalttätigkeit, zumindest ein aggressives Potential, Durchsetzungsvermögen, Wetteifer, Kämpfe aller Art mit Feinden aller Art.

Das hat natürlich was mit der alten Drachentöter-Prinzessinnenbefreier-Mentalität zu tun, und die wird in einer neuen «Poesie der Männlichkeit» auch entsprechend gefeiert.

Frauen – auch das war uns ja schon lange klar – *sind*. Männer *tun*. Und *tun* heißt nicht wuseln am heimischen Herd, sondern agieren draußen in der Welt, wo es Kampf und Herausforderungen gibt. Für die meisten Männer ist es einfach spannender, und wenn wir ehrlich sind, für die meisten Frauen auch, in einer erwachsenen Welt erwachsene Dinge zu tun.

Klar, unsere Sicht der Geschlechterrollen hat sich in den letzten zwei Jahrzehnten deutlich verändert. Aber so ganz sind die Vorstellungen von Geschlechterdualismen und -gegensätzen noch nicht aus der Mode. Männer und Frauen können sich in ihren unterschiedlichen Optionen erst dann freier entfalten, wenn wir die biologischen Möglichkeiten nicht absolut setzen und das adäquate Verhalten von Männern und Frauen nicht länger als strikt gegensätzlich oder komplementär definieren. Trotzdem ist für viele Männer auch ganz wichtig, zu beweisen, daß sie fruchtbar sind und für eine Familie sorgen können.

«Ich war unglaublich stolz, als ich ein, zwei Jahre der Alleinverdiener und -versorger für meine Familie war», sagt Bernd. «Ich fühlte mich stark, aber nur solange Thea ihre Seite des Vertrages einhielt. Was sie natürlich nach einem Jahr nicht mehr tat. Sie maulte, sie war neidisch auf meine Unabhängigkeit. Sie hatte überhaupt keine Lust auf diese Mutter-und-Hausfrau-Schiene.

Andrerseits kam ich für meine erste Tochter kaum vor. Da ich freiberuflich arbeite, hatte ich lange und unregelmäßige Arbeitszeiten. Ich war auch hilflos. Einmal, als sie gerade laufen konnte, fiel sie hin und schrie fürchterlich nach ihrer Mutter. Mich wehrte sie ab. Ich stand daneben, traute mich nicht, sie anzufassen, und schrie auch nach Thea.»

«Und jetzt schreien deine Töchter nach dir?»

«Ja, jetzt bin ich die soziale Mutter, die Mutter ohne Brust», sagt Bernd, «aber ansonsten voll abrufbar.»

«Findest du deine Hausmannexistenz attraktiv?»

«Nein», antwortet Bernd sofort. «Es gibt für mich auch keinen Grund, dieses Hausmanndasein zu glorifizieren. Du mußt schon sehr vom pädagogischen Eros geküßt sein, um dieses tägliche Kinderprogramm aufregend zu finden. Klar, es gibt Sternstunden. Wenn sie sprechen lernen zum Beispiel, und manchmal sind sie schon lustige Nummern. Aber das reicht nicht für einen ganzen Tag fünfmal die Woche. Ich kann auch nicht dauernd dasitzen und sie beobachten. Ich finde, Kinder brauchen Raum und Zeit, ohne daß ich wie so ein

Supervisor alles mitkriege. Man mischt sich ja so schon viel zuviel in deren Dinge ein.

Ich brauche erwachsene Gesprächspartner, etwas, was meine Intelligenz anregt. Ich habe manchmal das Gefühl, wie ausgetrocknet zu sein, von dieser Kindersprache, von dem Verhalten, und daß du ständig reagieren mußt.

Neulich, als ich mit den Mädchen im See schwimmen war, da überfiel mich plötzlich ein dringendes Verlangen nach Thea. Ich hatte überhaupt keine Lust mehr auf Papa naßspritzen, Wal spielen, Schiff und Taucher, Gluckgluck und Gurgelgurgel. Ich hatte nur den unbändigen Wunsch, ganz allein mit Thea für vier Wochen zu verreisen, möglichst irgendwohin, wo Eintritt für Kinder verboten ist.»

«Hast du durch euren Rollentausch so was wie eine Männlichkeitskrise gehabt?»

«Du meinst, ob ich mich nicht mehr als vollwertiger Mann fühle?» Bernd grinst sein altes Eroberergrinsen. «Nein. Doch, doch. Anfangs gab es Zeiten, in denen ich mich selbst nicht mehr attraktiv fand, langweilig, so ohne diese Aura, die du als Mann hast, wenn du von draußen kommst, mit diesem Duft von Freiheit und Abenteuer, du weißt, was ich meine. Nee, ich kam mir manchmal so schluffig vor, abhängig, passiv, und das verträgt sich überhaupt nicht mit meinen Dominanzwünschen.»

«Und heute? Hast du den Eindruck, daß euer Rollenwechsel auch was Positives hat?»

Bernd lacht. «Wir sind beide sehr viel realistischer geworden in bezug auf das, was wir leisten können. Und was jeder einzelne leisten kann. Auch im Hinblick auf diese Phasen sexueller Durststrecken. Früher haben wir uns deswegen angegiftet. Und wir bemühen uns, durch unseren Rollenwechsel auf eine ungefähr gleiche Beteiligung an allem zu kommen. Das kann phasenweise wechseln. Aber das ist unser Plan.»

Wolf(gang) ist ein graulockiger Berufsjugendlicher, Motorradfahrer, in unterschiedlichen Jobs tätig. Er selbst bezeichnet sich als überzeugten Kindermacher nach dem Motto: «Jedem Kind seine eigene Mutter!» und «Laßt viele kleine Wölfchen um mich sein!» Nur sind sie nicht um ihn, sondern bei ihren jeweiligen Müttern. Lauter kleine Wölfe und Wölfinnen, die an den Zitzen der Mütter hängen, während Wolf einsam und wölfisch durch die Welt streift.

Fünf Kinder hat Wolf gezeugt.

«Soviel ich weiß», räumt er ein.

Frauen, das sind für ihn potentielle Mütter, die alle nur darauf warten, von ihm geschwängert zu werden. «Ich finde den Gedanken, daß eine Frau fruchtbar ist, absolut sexy, erregend. Wenn sie im Bett stöhnt: Mach mir ein Kind.»

«Warum?» wage ich zu fragen.

«Weil das natürlich ist», sagt Wolf kategorisch, «Sex pur ist schal, nur Trieb, Geilheit.»

«Was ist so schlecht daran?»

«Du halbierst die Frau. Sie ist nur Sexualobjekt, aber mehr nicht.»

«Sie kann aber auch dich zum Sexualobjekt machen, zum wechselseitigen Vergnügen sozusagen, das Begehren kann beidseitig sein.»

«So funktioniert das bei mir aber nicht», beharrt Wolf. «Ich will der Mann sein. Ich bin der Macher. Wenn ich sage: Von dir will ich ein Kind, dann ist das für mich die größte Liebeserklärung.»

Wohlverstanden, er sagt nicht: *Mit* dir will ich ein Kind, sondern *von* dir. Das Kind als Tribut, als Geschenk, als Gabe an den Begatter.

«Verhütung kommt also für dich nicht in Frage?»

«Die meisten Frauen machen's ja, die verhüten ja. Okay, sollen sie. Aber wenn eine Frau mich liebt, dann sage ich: Dann nimmst du keine Pille, kein Präservativ, kein Pessar, dann lieferst du dich mir aus. Mir und meinem fruchtbaren Samen.»

Fruchtbar oder furchtbar, denke ich.

Wolf denkt und handelt noch wie in goldenen Vor-Aids-Zeiten. Ich möchte nicht wissen, wie viele ähnliche Liebesbeweise auf dem schwankenden Boden erster Verliebtheit und erster Besitzansprüche verlangt werden, auch heute noch.

Von Wolfs Mütterschar habe ich zwei Frauen befragt: Die eine wollte unbedingt ein Kind, warum also nicht von einem bewährten Schwängerer?

«Hast du ihn geliebt?»

«Nö», sagt sie, «er war bereit dazu, und es gab nicht viele Alternativen.»

Die zweite wollte Wolf als Partner dazu, bekam aber auch nur ein Kind und kein Geld, hatte eine sehr schwere Zeit als alleinerziehende Mutter. Mittlerweile lebt sie mit einem anderen Mann zusammen.

Als Vater glänzt Wolf durch Abwesenheit. Die Kinder interessieren ihn nicht wirklich. Kurzfristig ist er ein wunderbarer Vater, aber auf die Härten täglicher väterlicher Wirklichkeit legt Wolf keinen Wert.

«Ich mache den Frauen schöne Kinder. Kannst sie dir ansehen, sind alle fünf gelungen», sagt er.

«Aber du hast die Aufzucht den Frauen überlassen.»

«Das können die Frauen doch sowieso besser. Von Beginn der Menschheit an. Ich weiß gar nicht, was du willst. Oder willst du auch ein Kind von mir?»

Nein, zufällig finde ich einen Fruchtbarkeitsmaniac nicht sehr erotisch. Andere Frauen dagegen schon:

«Er versucht, mich schwanger zu machen. Oh, wie herrlich sind mediterrane Männer mit ihrem Verständnis des Urschlamms und dessen, worum sich alles dreht! Wir Amerikaner haben die Berührung mit dem Zweck von Sex verloren. Sex dreht sich um Babys», läßt Erica Jong ihre Protagonistin in den Armen ihres venezianischen Liebhabers jubeln.

«In dem Augenblick, in dem man seine Kinder empfängt, hört man auf, ein Ego zu sein, und ist nur noch ein kosmisches Gefäß, eine Öffnung in der Zeitlosigkeit. Das, so nehme ich an, ist der Grund, warum das Kinderkriegen ein so kritisches Stadium in der eigenen Entwicklung ist. Mit der Elternschaft bekommen wir zum ersten Mal einen Vorgeschmack von der Ichlosigkeit, von dem Eintritt in den kosmischen Tanz.»

So spekuliert Erica Jong über jenen «Letzten Blues», der nach fröhlicher Promiskuität und munteren Spontanficks die Frauen der achtziger Jahre heimsuchte, deren ganze Freiheit in Suff und Sucht und in kosmischen Löchern endete. «Nur die Mutterschaft verwandelt das Herz.»

Conny hat sich in ihrer ersten Ehe auch verwandeln sollen: «Was hat dein erster Mann von dir gewollt?» frage ich sie.

«Sarkastisch gesprochen: Er wollte eine Frau, die ihm nicht wegläuft.»

«Wie sollte die beschaffen sein?»

«Die sollte mütterlich sein, auch so was wie ein Kumpel, zu ihm halten, ganz egal in welcher Situation, jedenfalls treu sein. Obwohl Dieter ja am Anfang sexuelle Freiheit für jeden betonte, galt das nur für ihn. Ich sollte treu sein, mich gebunden fühlen. Ich durfte nicht mit anderen Männern, ich war sein Besitz. Als Bea dann geboren war, haben wir die kleine Familie gespielt: meine neurotische Mutter zur Wochenpflege, einen eifersüchtigen Mann. Und ich selbst war Mutter, ohne darauf vorbereitet zu sein, und mußte die Bedürfnisse des Kindes befriedigen. Selbst hatte ich auch psychische Probleme, doch darum kümmerte sich keiner. Das war eine sehr komplizierte Situation, bis es mir besserging und ich wieder stabiler war.

Lange fühlte ich mich nicht zufrieden. Ich war sehr einsam, habe es wieder mit der Uni versucht, was total in die Hose ging. Dieter hatte einen Job, und ich war allein zu Hause mit dem Kind und hatte kaum Kontakt, weil meine alten Freunde und Bekannten nicht in der gleichen Situation waren. Aber dann fing zum Glück die Kinderladenzeit an.»

«Hast du Selbstbewußtsein daraus gezogen, Mutter zu sein, das Kind zu versorgen?»

«Glaube ich nicht», meint Conny nachdenklich. «Langfristig schon, aber am Anfang nicht. Ich litt unter dem Rollenkonflikt. Zum Beispiel: Wir hatten gesagt, wir machen das beide alles zusammen. Mal studiert der eine, und der andere versorgt das Kind und umgekehrt. Wir gehen abwechselnd arbeiten, um das Geld ranzuschaffen usw. Dann hatte ich zwei, drei Tage einen Fulltime-Job. Dieter mußte mit Bea allein zu Hause sein. Danach hat er ganz schnell eine feste Arbeit gesucht.»

«Es lief alles auf die übliche Rollenverteilung hinaus?»

«Er hat gemerkt, das ist es nicht, was er will, und bevor das zur Mode werden würde, möchte er doch lieber arbeiten gehen. Das ist zwar nie ausgesprochen worden, kam aber so. Da saßen wir in der perfekten traditionellen Rollenverteilung. Er hatte ein sehr lukratives Angebot: erst Praktikum, dann Übernahme, und es war gelaufen. Da wurde Geld verdient. Plötzlich stabilisierte sich die Situation der Familie. Das mußte man doch gutheißen! Und ich saß in der Mutterrolle drin, obwohl ich das auf keinen Fall wollte. Von Paarbeziehungen hatte ich keine Vorstellungen, aber in bezug auf mich selbst schon. Ich wollte einen Beruf haben, nicht nur Mutter, nur Hausfrau sein, das wußte ich sehr gut. In der Situation habe ich's halt gemacht, mich aber nie so gesehen. Sonst hätte ich mehr Kinder gekriegt und mich als Fulltime-Mutter verstanden. Dann kam die Kinderladenidee. Mutterbindung schadet den Kindern! Das kam mir sehr gelegen, denn ich wollte ja weder ein so an mich gebundenes Kind, noch selbst so ans Kind gebunden sein.»

«Letztlich waren es ja dann doch meist die Mütter, die diese Gruppen organisiert haben.»

«Immer diese Diskussionen, wann die Väter auch mal Dienst machten...», erinnert sich Conny. «Der nächste Schritt war dann das Studieren an der PH. Ich dachte, dort ginge das schneller. Aber die haben mir nichts angerechnet. Es roch dort so schrecklich nach Bohnerwachs und Schule. Panik überfiel mich, und ich wußte, das ist es nicht. Heute ist mir klar: Immer wenn ich mich in meinem Leben selbständiger machen wollte, hat Dieter was erfunden, um mich wieder einzubinden. Ich habe einen Schreibmaschinenkursus besucht, ich habe versucht, Arbeit zu finden. Plötzlich hatte er ein Projekt für mich, in dem ich selbständig arbeiten konnte, aber für ihn. Ich habe mich immer wieder verführen lassen. Dabei war ich wirklich soweit, daß ich ganz was Eigenes machen wollte, und dann hatte ich dieses Projekt am Bein.»

«Immer wieder eine Form von Abhängigkeit...»

«...von starker Abhängigkeit. Meine ganze Beziehung war sehr von Abhängigkeit geprägt, immer. Übers Finanzielle genauso wie über die Beziehung...»

«Was hat Dieter dir in dieser Beziehung nicht gegeben, und was wolltest du?»

«Dieter hatte kein Verständnis für die Person, die ich bin. Es fehlte Zärtlichkeit und menschliche Kommunikation. Auslöser war mein Versuch, mit Dieter darüber zu reden. Er wollte mit mir sprechen, er war ja auch interessiert, unsere Beziehung zu halten. Er hat gemerkt, daß es kaputtgeht, aber er konnte nur sagen: Ich weiß nicht, wovon du sprichst! Was das soll? Ich habe ihn gefragt, bist du glücklich, so wie wir leben? Ja, hat er gesagt. Ich weiß nicht, was du für ein Problem hast. Dieser Satz, das war's. Ich war nicht glücklich. Ich war leer, es gab keine Kommunikation. Das ist das Wesentliche, wesentlicher vielleicht noch als alles andere.»

«Wie war dein Verhältnis zu deiner Tochter?»

«Bea war sehr stark auf mich bezogen. Das fängt da an, wo der Mann tagsüber nicht zu Hause und die Frau mit dem Kind zusammen ist. Als Bea klein war, hat er sich wahnsinnig um sie gekümmert, aber später zeigte sich eine Hilflosigkeit, die aus seiner Geschichte zu erklären ist. Ihm blieb nur so eine Rabaukigkeit, um mit seinem Kind zu kommunizieren. Einfühlsamkeit hat total gefehlt. Er hat oft gar nicht verstanden, was sie bewegte oder interessierte. Wenn sie nachts aufstand, an seine Seite des Bettes kam, sagte er: Hau ab. Geh zur Mutter. Laß mich in Ruhe. Da fing es an, hörte bei anderen Dingen auf.»

«Du warst für das Kind zuständig. Fand er es sonst toll, ein Kind zu haben?»

«Klar, wahrscheinlich hätte er auch gern mehrere gehabt, das war nie ein Thema, wir haben das nie diskutiert, nie richtig besprochen.»

«Was wollte er? Eine Versorgungsstation, du als Frau mit dem Kind?»

«Ja, also Versorgungsstation als Sicherheit, daß er weiß, da gehört er hin. Soziale Sicherheit, ein soziales Netz, eine Familie, für die er sorgt. Er hat am Schluß unserer Ehe mal gesagt, er habe das alles nur für mich gemacht, seinen beruflichen Aufstieg, er als Workoholic. Daran glaubte er wirklich.»

«Du kannst dich nicht erinnern, daß du gesagt hast, daß du dir das wünschst?»

«Nein. Ich kann mich erinnern, daß ich oft unzufrieden war, ihm oft was vorgeheult habe. Er hat nicht verstanden, was ich wollte. Heute weiß ich, daß ich das Muster meiner Mutter nachgelebt habe: Die Mutter ist für die Kinder zuständig. Meine Mutter hat das ja auch total getrennt. Ihr Liebhaber durfte keinen eigenen Kontakt zu den Kindern aufbauen, das weiß ich von ihr heute. Mutter und Kinder sind eine Einheit, der Vater steht am Rande. Erst empfand ich das als gar nicht so schlimm, hab das, glaube ich, sogar gefördert, indem ich, wenn Dieter was nicht konnte, sofort eingesprungen bin. Ich habe sicher auch selber Vorteile daraus abgeleitet, daß Bea mich besonders gebraucht hat. Frauen fördern es ja durchaus, daß der Vater aus der Beziehung ausgesperrt wird. Verstandesmäßig wollte ich genau das Gegenteil. Ich glaube aber, daß ich mich dennoch anders verhalten habe.»

Frauen, so sieht es aus, können es sich doch heute leisten, ihre Wünsche durchzusetzen, leichter als jemals zuvor. Es gibt ein paar Vorbilder, zu wenige sicherlich, aber immerhin; wer Glück hat, findet einen aufgeschlossenen Partner und eine Palette von Optionen. Es können individuelle Formen der Selbstverwirklichung erprobt werden. Karriere, Kinder und Liebe – alles geht?

Aber die Mutterschaft verwandelt das Herz. Und viele Frauen haben ein Mutterbild, das leider in den lila Nachwehen der Frauenbewegung radikalisiert und hochstilisiert wurde und zu unser Weiblichkeit Schaden noch einmal fatal zum ewigen Muttermythos aufpoliert wurde.

«Zu den Kindern zart, zu den Männern hart.» Dieser Spruch stammt aus den Siebzigern, als die alleinerziehende Mutter neuen Typs geboren wurde und gleich einen noch heute strahlenden Glorienschein erhielt. Das war die Zeit, als Frauen, die mit Männern klarkamen, sie sogar mochten, sich höchst verdächtig machten.

Gebären galt als *der* weiblich kreative Akt. Sozusagen als Weiblichkeitsnachweis feministischer Prägung. Nun, Gebären und Kinder aufziehen durften wir ja immer schon, und diese Nischenpolitik hat uns auch nicht weitergebracht. Im Gegenteil, das gab dem Opferdenken neuen Zunder, verheerend für Mutter und Kind, jene «masochistisch ergebenen Mütter», die eine krankhafte Ängstlichkeit kultivieren und es nicht ertragen, wenn das Kind sich von ihnen entfernt. Sie verzichten auf jedes Vergnügen, auf ihr ganz persönliches Leben, was ihnen andrerseits auch erlaubt, sich als Leidtragende darzustellen. So schöpfen sie aus ihren Opfern das Recht, dem Kind jede Unabhängigkeit zu verweigern.

Hilfreicher ist es sicherlich, zu überlegen, wie wir mit unserem Zwiespalt in unserer Doppel- bzw. Dreifachbelastung klarkommen.

Katrin: «Ich konnte mir nie vorstellen, sowohl eine ideale Mutter als auch die Geliebte zu sein. Dieses Superfrauen-Ideal wurde erst später so definiert. Als ich darüber las, fiel es mir wie Schuppen von den Augen: Genau das wollte ich sein, und genau daran bin ich gescheitert. Heute glaube ich, ich hätte mit Hans darüber reden können, wir hätten vielleicht eine originelle Lösung gefunden, eine, die zu der Zeit auf uns gepaßt hätte. Aber mir ist nicht in den Sinn gekommen, das als gemeinsames Problem zu sehen.»

«Die Behauptung, ein Kind sei das höchste Ziel der Frau, taugt allenfalls zum Werbeslogan.» Das sagt die gute alte Simone de Beauvoir.

Dennoch reagieren Frauen mit Schuldgefühlen, wenn sie im Leben noch einen anderen Sinn sehen.

An der einen nagt es, an der anderen zerrt es, und die dritte somatisiert: Schuldgefühle mit den Stimmen, als sei man ständig wie in einer griechischen Tragödie von einem kommentierenden Chor begleitet. Schuldgefühle, und sie sägen bevorzugt am Baum der Liebe:
– die eigene Mutter oder Schwiegermutter: Man kann nicht alles haben. Ich mußte auch zurückstecken, als Frau.
– die beste Freundin: Ich sitze hier in der Küche und stille mein Kind, und du flirtest.
– die vereinigte Mütterlobby: Wie kann sie nur, die Kinder dem Vater überlassen und mit ihrem jugendlichen Liebhaber zusammenziehen? Rabenmutter! Erotomanin!
– der Mann: Wo ist die spritzige Geliebte, die ich geheiratet habe?

Was, du willst zu einem Einkaufsbummel nach London? Aufregende Klamotten kaufen? Und ich soll das ganze Wochenende mit den Kindern allein sein?

Fazit: Eine Mutter hat immer unrecht, wenn sie an sich selber denkt.

Liebe sei wichtig, beteuern wir.

Liebe ist wichtig, sagen die Männer und gucken dann doch lieber Sportschau und fläzen sich im Fernsehsessel.

Liebe ist wichtig, sagen die Frauen, und dann gehen sie doch lieber zum Friseur und lassen sich von dem das Köpfchen kraulen.

Kleine Monster
Die Erotikkiller

Die erste Hälfte unseres Lebens
wird von den Eltern ruiniert,
die zweite von den Kindern.

(Clarence Darrow)

*E*ine Geschichte, die das Fernsehen erzählt: Ein Junge, mit dem Alleinanspruch auf die Liebe seiner Mutter, bringt sie unter Mordverdacht, als deren Liebhaber getötet wird. Ein kleiner böser Bube, der keinen Nebenbuhler duldet. Mama soll nur ihn lieben und keinen sonst.

Können Ansprüche von Kindern so monströs sein, daß sie zu Mord und Totschlag führen? Kann die Macht in den Händen von Kindern tödlich sein? – Kinder als Monster, kleine teuflische Wesen, zerstörerisch, gnadenlos, amoralisch. Das ist auch Stoff für etliche Horrorfilme.

Kinder werden nur zu Monstern, wenn man sie läßt, ihnen die Macht gibt. Die Macht, die Grenzen zu übertreten. Eine stillschweigende Duldung ist auch eine. Wohlverstanden: Es geht hier nicht darum, kindliche Bedürfnisse nach Liebe, Zuwendung und Sicherheit zu leugnen, den Kindern ihre Gefühle abzusprechen. Es geht um den Umgang damit. Lassen wir uns erpressen, nötigen, sabotieren, dann werden solche Wünsche monströs, weil wir es zulassen. Kinder sind nicht per se Unschuldsengel, auch wenn sie so ausschauen. Kinder haben eigene handfeste Interessen, und je öfter sie das Gefühl haben, sie könnten bei einem Powerspiel gewinnen, sie könnten Erwachsene erfolgreich manipulieren, desto öfter benutzen sie die bewährten Mittel.

Es ist an den Eltern, die Grenzen zu ziehen. Sie bestimmen, wann ihre Liebe, ihre Geduld, ihre Großzügigkeit ein Ende haben. Sie bestimmen den Raum und die Zeit. Wir sagen Ja oder Nein. Etwas, was

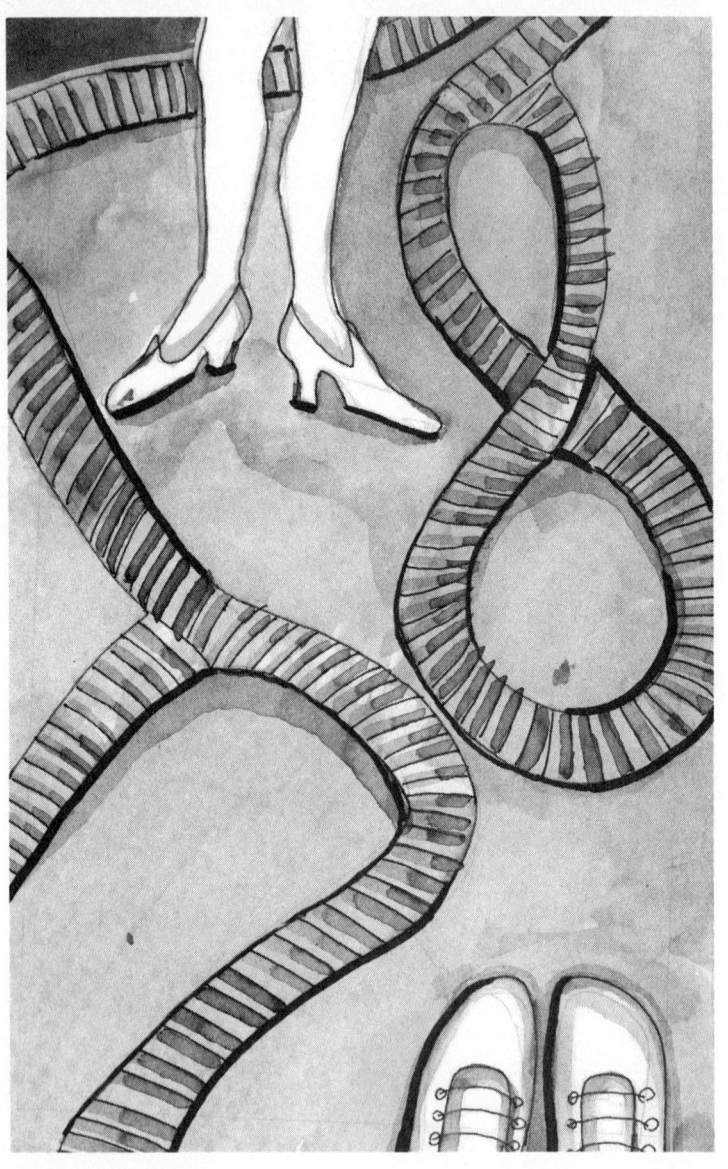

Kinder erst lernen müssen. Schrankenlose Freiheit überfordert Kinder heillos. Wenn wir keine Grenzen vorgeben, dann entpuppt sich das als unser Fehler. Dann sind wir selber schuld, wenn die süßen Kleinen uns nerven. Wenn wir nicht nein sagen, sagen wir für Kinder ja. Übrigens nicht nur für Kinder, wie man immer wieder feststellen kann. Dann geben wir eine fatale Doppelbotschaft: Trampel ruhig auf mir rum. Ich will nicht, daß du auf mir rumtrampelst. Aber das mußt du selber rauskriegen. Spätestens, wenn die Situation eskaliert ist und das Kind eine geknallt kriegt. Warum? fragt es sich dann erstaunt. Mama hat doch die ganze Zeit nicht gesagt, daß sie nicht mag, wenn ich ihr vors Schienbein trete. Warum ist sie *jetzt* böse? Ich durfte doch immer zwischen Mama und Papa schlafen, warum denn jetzt auf einmal nicht mehr?

Monströs sind Kinder aber auch oft aus Hilflosigkeit. Wie sollen sie sich zurechtfinden in dem oft chaotischen Liebesleben alleinerziehender Mütter oder Väter? Wie sollen sie verstehen, daß Vaters neue Freundin ihnen nichts wegnimmt, oder Mutters neuer Mann, wenn doch sie vorher der Nabel der Welt waren? Mini-Elektras und ödipale Klammeräffchen, Partner-Ersatz, «Mutters kleiner Mann im Haus» oder Vaters «tüchtige kleine Hausfrau». Kein Wunder, daß sie anfangen, mit faulen Tricks zu arbeiten. Kann man es ihnen verdenken, daß sie herausschlagen, was sich herausschlagen läßt: doch den CD-Walkman, das Mountainbike und doch alle drei T-Shirts, weil sie sich nicht für eines entscheiden können!

Am besten ist, man sagt ihnen gleich, daß man sie durchschaut hat. Am besten, man läßt sich nicht öfter als einmal pro Woche überrumpeln. Am besten, man sagt dem Kinde möglichst schonungslos, daß es sich nicht in die Beziehungen einzumischen hat.

Keinem Kind, das in einer ansonsten liebevollen, akzeptierenden Umgebung aufwächst, schadet es, wenn man ihm auf die Fingerchen klopft. Keinem Kind schadet Kritik, wenn sie sich auf Verhalten bezieht, das für uns unannehmbar ist.

Hier geht es um Grenzverletzungen von seiten der Kinder. Die von seiten der Eltern sind ein anderes Thema.

Helen erzählt mir die Geschichte ihrer letzten Urlaubsaffäre: «Ich lernte Stefan am Strand kennen. Stefan war blond und blauäugig, hübsch und draufgängerisch. Er setzte sich einfach zu mir neben meinen Liegestuhl und fing an, mit mir zu plaudern.»

«Hört sich doch sehr vielversprechend an», kommentierte ich.

Helen feixt: «Ziemlich schnell hat er mir seine kurze, nicht uninteressante Biographie dargelegt. Und was er hier auf dieser kanarischen Insel tat. Stefan war fünf.»

Das habe ich allerdings nicht erwartet.

«Stefan machte zum ersten Mal mit seinem Papa allein Urlaub. Sonst sei er ja immer bei der Mama, denn, so Stefan in vertraulichem Ton: ‹Wir sind geschieden.› Dann erzählte Stefan, was er so in seinen Ferien hier macht und daß sein Vater nicht kochen kann. ‹Bei uns gibt es heute abend Erbsen mit Brötchen›, verriet er mir. ‹Wir wollen auch nicht immer essen gehen›, gab Stefan altklug von sich. Ich reagierte mit sofortigem Mitleid und wollte am liebsten Vater und Sohn in mein Apertamento laden, zu Tortilla und Ensalada. Das gab's nämlich bei mir zum Abendessen. Vor allem, als ich den attraktiven Vater kennenlernte, ich nenne ihn mal Groß Stefan, der seinen Filius holen kam, auch damit der mich nicht weiter nerve. Er war sichtlich davon angetan, als ich sagte, Klein Stefan störe nicht, und so endete dann alles mit einem gemeinsamen Ballspiel und auf dem Rückweg zu unserer Residenzia mit einem fünfjährigen Patschhändchen vertrauensvoll in meiner Hand.

Anfangs war es ja noch ganz reizvoll, wie sich die Amour zwischen mir und Groß Stefan entwickelte – sozusagen unter den wachsamen Augen von Klein Stefan. Eine gewisse Heimlichkeit schafft ja immer zusätzliche Spannung.

Aber dann erwischte er uns, wie wir knutschend und sehr eng beieinander liegen, und da wurde aus dem Bremsklötzchen ein Bremsklotz.

Klein Stefan scheute sich nicht, unser zartes Liebeswerben mit derben sexuellen Anspielungen zu unterminieren: Ich habe ja nur einen kleinen Penis. Aber wenn ich groß bin, habe ich auch so einen großen wie mein Papa, verkündete er eines Abends, als er nackt durch die

Wohnung turnte. Wie diese aufgeklärten Kids alles beim Namen nennen, eben so, wie sie das gelernt haben. Ganz schön irritierend für uns Erwachsene. Ich kam mir vor wie ein sexbesessenes Monster, das da hinter dem Vater her war.

Je deutlicher das Interesse seines Vaters an mir wurde, um so intensiver gestalteten sich Klein Stefans Verhütungsmaßnahmen: Er verzankte sich mit seiner kleinen Strandfreundin, schlief abends partout nicht ein, wollte, daß sein Vater bei ihm blieb, klagte über schlimme Träume usw. Nun, das ganze führte zu einem eher hektischen Gerangel mit Groß Stefan auf dem Sofa im Wohnraum, mit einem Ohr an der Schlafzimmertür und dementsprechend frustig. Tagsüber ließ Klein-Stefan uns so gut wie nie aus den Augen. Ich hatte keine Lust auf einen weiteren Abend in Groß Stefans Apartment und schlug vor, daß wir uns einen Tag nicht sehen, abends dann bei mir treffen sollten. Vielleicht würde Klein Stefan noch mal bei seiner Ferienfreundin übernachten, was er ja vorher auch öfter und gern gemacht hatte.

Nichts da. Klein Stefan ahnte in dem Moment Böses, als die nette Ferienmutti Groß Stefan ahnungslos fragte: Triffst du dich mit dieser netten Helen?»

Jona ist heute sechsundzwanzig Jahre alt. Eine kluge, nachdenkliche Frau. «Als meine Eltern sich scheiden ließen, brach für mich eine Welt zusammen. Aber ich habe mir nichts anmerken lassen. Ich war dreizehn Jahre alt, ein Spätentwickler und hielt meinen Vater für meinen einzigen Fan. Meine Mutter ist eine sehr zurückhaltende Frau, sehr sachlich, und mein Vater war immer gutgelaunt und sagte lauter nette Sachen zu mir. Ich war kreuzunglücklich, daß ich bei meiner Mutter leben und meinen Vater nur selten sehen sollte. Alle vierzehn Tage am Wochenende, und dann gab's noch eine Ferienregelung. Oft klappte das nicht. Mein Vater stellte das immer so hin, als sei meine Mutter zu unflexibel, um auf seine Termine einzugehen. Meine Mutter hatte bald einen neuen Freund, was sie auch nicht verheimlichte. Während mein Vater so tat, als leide er noch immer entsetzlich und sei nun so ganz allein. Wenn ich bei ihm war, tat ich alles für ihn. Ich räumte auf, kochte, war still, wenn er arbeiten mußte. Was meistens der Fall war. Abends ging er aus.

Später fand ich heraus, daß er die ganze Zeit mit seiner damaligen Freundin zusammen war, mit der er meine Mutter schon jahrelang betrogen hatte. Trotzdem wollte er immer alles über meine Mutter wissen, und ich blöde Kuh habe ihm auch alles erzählt. Er hat mich dann instruiert, was ich tun sollte. Wochenlang habe ich die neue Beziehung meiner Mutter attackiert.»

«Was hast du gemacht?»

«Ich habe den Typen schlechtgemacht. Ich habe jedesmal, wenn er kam, meinen Vater gelobt. Erzählt, was der alles kann, wen er kennt, wie berühmt er ist. Mit ihm angegeben. Ich habe meinen Vater bei jeder Gelegenheit ins Spiel gebracht. ‹Der Typ ist doch ein Versager›, sagte ich zu meiner Mutter. ‹Der nutzt dich bloß aus. Der taugt nichts.› Alles Zitate meines Vaters, die ich treu wiedergab. ‹Ist deine Mutter immer noch mit diesem Versager zusammen?› fragte mein Vater mich, und ich erzählte dann stolz, wie ich's diesem Kerl gegeben hatte.»

«Wie hat deine Mutter reagiert?»

«Ich glaube, sie war nicht in der Lage, mich wirklich zurechtzuweisen. Sie hatte Schuldgefühle mir gegenüber. Sie wußte, daß ich lieber bei meinem Vater war, und ahnte, daß er mich wohl irgendwann schwer enttäuschen würde. Sie wußte ja auch, daß er diese Freundin hatte. Sie hätte ihn schlechtmachen müssen in meinen Augen. Denn so hätte ich die Wahrheit empfunden.»

«Wie lange ging das?»

«Ich glaube, bis mein Vater wieder heiratete. Seine Freundin war schwanger, und er verlor alles Interesse an mir, an meiner Mutter sowieso. Das war eine doppelte Demütigung für mich. Erst habe ich mich seinetwegen wie ein Scheusal verhalten und für ihn die Spionin gespielt, dann zeigt er mir, daß ich ihm nichts bedeute.

Ich habe eine Therapie machen müssen, um mich aus all diesen Verstrickungen mit meinen Eltern zu lösen. Mein Vater spielt heute noch das Opfer, mir gegenüber. Dabei ist es meine Mutter, die draufgezahlt hat. Sie hat auf alles verzichtet, hat völlig allein von vorne angefangen und spielt nicht das Opferlamm. Zum Glück hat sie jetzt einen Mann gefunden und sich von mir nicht irritieren lassen.» Jona lacht verlegen. «Ich habe auch da noch rumgemäkelt. Aus reiner Gewohnheit wahrscheinlich.»

Vom gezielten Versuch, Kinder als Erotikbremse einzusetzen, weiß Helen noch eine Geschichte zu erzählen. Seit ihrer Trennung kommt sie viel rum: «Ich war in England und lernte dort einen phantastischen Mann kennen. Sehr gutaussehend, lässig, lustig mit diesem herrlich paradoxen englischen Humor. Verheiratet, drei Kinder. So was erfrage ich immer. Beziehungsweise, ich konstatierte das, und er bestätigte. Wir tranken an der Hotelbar ein paar Whisky sour, erzählten uns Witze und Anekdoten aus unserer Arbeit, und er verführte mich nach allen Regeln der Kunst. Es wurde eine zauberhafte Nacht, die um halb sechs morgens mit einem Morning Call der Hotelrezeption endete. Kevin erhob sich schlaftrunken aus meinem Bett und wankte in sein Zimmer.

Wir sahen uns erst am Abend wieder, weil wir beide tagsüber arbeiten mußten. Wir wiederholten den Abend, diesmal ohne die Whisky sour, und ich fragte ihn, ob er wieder so früh gehen müßte. Ja, da rufe ihn seine Jüngste immer an, wenn er unterwegs sei. Um halb sechs Uhr morgens? fragte ich ihn. Kommt sie da von allein drauf? Nun ja, druckste Kevin herum, seine Frau speichere seine Zimmernummer ein, und die kleine Tochter brauche dann ja nur die Taste zu drücken. Na, das sei doch praktisch und so nett, so ein Morgengruß, lobe ich hinterhältig … Das Spiel wiederholte sich auch noch am nächsten Abend.»

Es gab Kevin wohl ein gutes Gewissen, meint Helen, daß er als guter Vater nie den Morgengruß seiner Tochter vergaß und seiner Frau das Gefühl der Kontrolle gab: So konnte sie glauben, daß ihr Mann zumindest um halb sechs allein in seinem Hotelzimmer war. Vielleicht konnte er nicht so gut lügen, wenn der Anlaß der Untreue neben ihm lag?

«So richtig deftig haben uns die Kinder nur in einer relativ kurzen Phase gestört», sagt Anja. «Als die abends oder nachts geheult haben, wach geworden sind und alle paar Stunden was wollten. Wenn ich mich richtig erinnere, war das auch die Zeit, in der ich ziemlich fertig war. Daß die mich so regelrecht gestört haben – nein. Es war eher so, daß ein Raum fehlte, um sich nachmittags um vier aufs Sofa zu legen und zu vögeln, den Raum gab es nicht. Selbst wenn man sich um vier Uhr am Sonntagnachmittag ins Bett legt, muß man das ja schon ordentlich begründen. Da fehlt Entwicklungsraum, Zeit, in der etwas entstehen kann, eine Stimmung, ohne daß es dunkel ist.

Es war in unserem letzten Familienurlaub», erzählt Anja. «Da war dieses Liebespaar in der Lagune, ein ganz junges Liebespaar, das nichts anderes gemacht hat, als sich acht Stunden am Tag das Ohrläppchen zu kraulen, ganz selbstvergessen – diese Art, sich für nichts verantwortlich fühlen zu müssen, einfach so die Streichellust auszuleben, das fand ich einfach wunderbar. Da habe ich die beiden wahnsinnig beneidet, wie sie sich nur um ihre Zehenspitzen kümmern konnten. Gut, ich habe zwei nette Kinder, aber trotzdem. Ich habe gedacht, das ist kaum noch herzustellen, zu sagen, heute interessiert mich nur dein linkes Ohrläppchen.»

Lea befand sich völlig unvorbereitet in der Gesellschaft zweier unheilvoller Kinder: «Ich habe mich plötzlich in jemanden verliebt, den ich in meinem beruflichen Umfeld kennengelernt habe, und das war eine riesig große Verliebtheit, wie ich sie vorher noch nicht kannte. Ich habe meine frühere Beziehung, mit der ich eigentlich ganz zufrieden war, Knall auf Fall verlassen. Ohne Absicherung oder mir zu überlegen, was das für Folgen hat. Vielleicht weil er ein anderer Typ war als die Männer, die ich vorher kannte. Etwas verwegener, ausgefallener, forscher, etwas weniger behütend, er war eine Herausforderung. Auch sexuell, erotisch. Das war was völlig anderes als vorher. Er war einige Jahre älter als ich, hatte schon eine Ehe hinter sich, aus der er zwei Kinder hatte. Die gab's inklusive. Drei und acht Jahre alt. Und ich, völlig naiv, blauäugig, weder mit Kindern erfahren noch mit irgendwelchen gestandenen Ex-Ehemännern! Ich bin da reingeschlittert und habe das blaue Wunder erlebt. Wir sind sehr schnell zusammengezogen und haben dann geheiratet. Ich war von Anfang an völlig überfordert mit der Situation, plötzlich eine Familie zu haben. Ich habe mir nicht klargemacht, was das bedeutet.»

Im Alltag sah das dann so aus, daß Lea eine Ausbildung abschloß und zusätzlich arbeitete. Ihr Mann war beruflich ebenfalls sehr engagiert. Das ältere Kind lebte bei ihnen, wochenends und in den Schulferien waren beide Kinder bei ihnen.

«Es gab für mich überhaupt keine intime Ecke, wo ich mal für mich sein konnte, alles war öffentlich, und die Kinder hatten zu allem Zugang. Mein Exmann war ein Vertreter antiautoritärer Erziehung, und die entsprechenden Kindergruppen waren auch am Werk. Die Kinder waren sehr anstrengend. Abgrenzung und Intimsphäre gab es nicht. Wenn ich nach Hause kam, dann war alles, alles benutzt und in Beschlag genommen. Die Putzfrau war zwar dagewesen, aber anschließend hatte ein Kind gekocht und alles wieder dreckig gemacht. Im Wohnraum lief der Plattenspieler, woanders ein Cassettenrecorder, der Fernseher, auf allen Betten war rumgetobt worden. Klar habe ich versucht, mich dagegen zu wehren, aber die Übermacht von Vater und Kindern war zu stark. Das war zuviel. Ich hatte damals noch nicht die Fähigkeiten, mich verbal oder sonstwie durchzusetzen. Das habe ich erst später gelernt. Mein Ex stand auf seiten der Kinder, der fand das okay. Er war der großzügige Daddy, auch weil er natürlich ein schlechtes Gewissen hatte den Kindern gegenüber, weil die aus einer gescheiterten Ehe kamen, eine Scheidung mitmachen mußten in einem empfindlichen Alter.

Kinderfreie Zeit, die hatten wir manchmal im Urlaub, ab und zu gab's Urlaub ohne Kinder, aber im Alltag ganz wenig davon. Daran ist auch die Beziehung letzten Endes kaputtgegangen, an dieser nichtherstellbaren Intimität im Alltag. Die Exfrau hing mit in der Beziehung und machte mir Vorschriften, die Schwiegermutter, seine Geschwister, es war sehr wenig Zweisamkeit möglich. Außerdem wurde viel gearbeitet. Es gab wenig Ruhe.

Der Jüngere war meistens lieb, anspruchsvoll, aber lieb. Die Ältere war ziemlich durchtrieben. Sie hat versucht, die Erwachsenen gegeneinander auszuspielen, ihre Eltern und mich. Sie konnte ganz reizend sein, wenn sie was wollte, und ein Teufel, wenn sie etwas erreichen wollte. Außerdem erpreßte sie uns mit Drohungen. Einmal wollte sie von meinem Mann einen Scheck haben, um sich Schuhe zu kaufen:

Sonst springe ich aus dem Fenster! Solche Szenen gab es oft. Morgens vor der Schule kam sie grundsätzlich zu spät aus dem Bad. Sie hatte ihrem Vater verboten, sie zu wecken, sie sei groß genug. Es hat nie geklappt, und dann war sie spät dran und forderte von ihrem Vater: Du mußt mich jetzt zur Schule fahren. Dann schimpfte er los: Ich denk nicht dran. Du bist doch alt genug. Dann weigerte sie sich, zur Schule zu gehen. Natürlich hat sie diese Kämpfe direkt mit ihrem Vater ausgefochten. Die ließ sich von mir sowieso nichts sagen. Ich war insofern nicht direkt davon betroffen, aber indirekt ständig. Dauernd gab es Krach.»

«Hast du dich denn von dir aus in diese Auseinandersetzungen eingemischt?»

«Nein», antwortete Lea, «ich hab das auch zu keiner Zeit versucht, weil ich erstens unerfahren war und zweitens auch keine traditionelle Mutter sein wollte. Höchstens Freundin. Die leibliche Mutter lebte in der Nähe. Ich hatte keine verwaisten Kinder an der Backe, ich hatte keinen Grund, mich als Mutterersatz aufzuspielen. Mein Mann hatte die Vorstellung, daß seine beiden Frauen und sämtliche anderen Frauen, die es auch noch gab, einträchtig ihm und seinen Kindern zu Diensten sein sollten, und das alles in heiliger Harmonie.

Ich denke mit Entsetzen daran zurück, wie hilflos ich war, völlig hilflos. Ich glaube, ich habe versucht, mich mit hysterischen Anfällen zu wehren, was natürlich völlig verkehrt war. Depression und Hysterie, anstelle zu sagen: Jetzt nehme ich mein Leben in die Hand und richte das so ein, wie ich das möchte. Das war mir zu der Zeit überhaupt nicht möglich. Am Ende dieser Beziehung, nach sechs Jahren haben wir uns getrennt, ist es mir sehr schlechtgegangen... Mein Leben war nach den sechs Jahren zu Ende. Mein Selbstbewußtsein war vorher schon unausgeprägt und ging dann den Bach runter. Aber komplett. Ich war ein heulendes, krankes Häufchen Elend.»

«Auch weil du so funktionalisiert wurdest?»

«Ich bin in Rollen gezwungen worden, die ich damals gar nicht einhalten und leben konnte. Ich war weder durch mein Elternhaus noch durch meine früheren Freunde darauf vorbereitet. Ich hab mich drauf eingestellt, damit arrangiert. Nach der Trennung habe ich lange

ganz für mich alleine leben wollen, weder Freundinnen um mich, ge-
schweige denn Männer, erst recht keine Kinder. Ich wollte für mich
sein, nur das tun, was ich wollte, nicht mehr fremdbestimmt sein. Die
Phase hat, glaube ich, über ein Jahr gedauert. Bis ich wieder Menschen um mich haben konnte.»

Oder heute, ein ganz besonderer Tag, der Hochzeitstag: Sie wollen
ganz groß ausgehen. Der Babysitter wird gleich kommen, das Kind
scheint, nach etlichen Bestechungen, gewillt, die Eltern gehen zu lassen. Doch dann Heulen, Jammern und Wehklagen. «Ich bin so
schrecklich traurig, wenn ihr geht. Ich kann dann gar nicht aufhören
zu weinen.» Nichts hilft. Das Kind ist entschlossen zur Demonstra-
tion heulenden Elends. Es schnieft und keucht, es bekommt kaum
noch Luft. «Wenn ihr weg seid, dann muß ich ganz laut schreien, so
traurig bin ich dann.» Der Babysitter kann auch nichts ausrichten,
kein Angebot ist verlockend genug, weder Videocassette gucken, Sü-
ßigkeiten noch Versprechungen schöner Unternehmungen mit
Mama und Papa. Das gequälte Kind bleibt unbestechlich. Ja, da kann
man doch nicht kalt und herzlos sein und um des schnöden Vergnü-
gens willen einfach gehen und das trauernde Kind zurücklassen.
Nächstes Jahr ist ja wieder ein Hochzeitstag, vielleicht auch noch ein
weiterer gemeinsamer.

Der Babysitter wird nach Hause geschickt, im Kühlschrank steht
noch eine Flasche Bier, und notfalls kann man den Frust mit härteren
Drogén bekämpfen. Aber verdammt schlechte Laune – Stimmung auf
dem Gefrierpunkt. Was als erotisches Unternehmen, als Glanzlicht
den grauen Alltag unterbrechen sollte, endet im elterlichen Frust.

Später schauen sie nach dem Kind. Das schläft friedlich. Hat es
nicht ein deutlich triumphierendes Lächeln auf den Lippen?

Ja, da kann einem selber schon das Lachen vergehen. Kinder sind ein
harter Prüfstein für Humorkapazitäten. Vielleicht übersteht man die
Aufzucht der Kleinen nur mit viel Humor und Selbstironie ohne blei-
benden Schaden. Kinder haben übrigens überhaupt keinen Humor.
Sie können zwar über die blödesten Witze lachen, was aber mehr mit

Albernheit zu tun hat, und sind ausgesprochen schadenfroh. Da lachen die süßen Kleinen, wenn die anderen so richtig einen gebacken kriegen. Hauptsache, jemand anders kriegt die Sahnetorte um die Ohren. Bei Kindern die beliebtesten Lachnummern.

Ganz anders sieht es aus, wenn das Kind nicht mitlachen kann. Mit einem regelrechten Lachverbot kam ein fünfjähriger Knirps, der sich ärgerte, daß sein Vater mit einer fremden Frau lustig war. «Hört sofort auf zu lachen», schrie er. «Ich verhaue euch. Dann müßt ihr weinen.» Was den mit mir flirtenden Vater und mich, die ich mich köstlich amüsierte, natürlich noch mehr zum Lachen reizte. «Ich bin ganz traurig, daß ihr lacht», wimmerte das Kind, und als auch das nichts nützte, schrie es sich blau und preßte krampfhaft Krokodilstränen. «Ihr lacht über mich», kreischte das Kind, und das stimmte nun endlich auch, «und das dürfen liebe Eltern nicht. Das schadet den Kindern. Ihr seid schuld, daß ich jetzt traurig bin.»

Ja, schon Vier- und Fünfjährige beherrschen die Kunst der freien psychologisierenden Rede, zeigen sich als Monster mit der Psychokeule: Ich bin jetzt so furchtbar traurig. Du, Erwachsener, bist schuld an meinen Gefühlen. Ich muß das jetzt mit dir besprechen. Sie verhandeln mit uns in quasi therapeutischen Gesprächen, deren Vokabular sie von uns geliefert bekommen haben. Sie machen auf Sensibelchen, die es faustdick hinter den Ohren haben.

Einmal lassen sich mit ausführlichen Befindlichkeitsgesprächen Zeit schinden und Ablenkung schaffen. «Ich habe ein Problem!» Welche Eltern mögen sich da verschließen? Dann reden und argumentieren wir und gehen nicht mit unserem Liebsten ins Kino.

Die älteren Kids rufen uns gerne als Experten ab, und wir fühlen uns geschmeichelt, können endlich mal unsere Lebensweisheiten loswerden.

Natürlich akzeptieren wir, daß Kinder Gefühle haben und darüber reden. Keine Frage. Natürlich nehmen wir ihre Sorgen, ihren Kummer und ihre Nöte ernst und wichtig. Aber im Prozeß des Selbständigwerdens, wenn wir denn wollen, daß sie das werden, sind zuweilen Angst, Trauer und auch Verlassenheitsgefühle nicht ganz zu vermeiden. Wie sollen Kinder lernen, damit umzugehen, wenn sie so behütet sind, daß sie das alles nicht kennen? Wie sollen sie erfahren, daß Gefühle sich ändern? Daß man Angst vor dem Alleinsein haben kann und trotzdem nicht sterben wird, sondern Mut entwickeln kann? Daß Eltern gehen, aber auch zuverlässig wiederkommen? Daß man Eltern nicht auseinanderdrängeln muß, um ungeteilte Liebe zu bekommen? Es geht darum, daß wir uns nicht manipulieren lassen. Von kindlichen Bedürfnissen, die grenzenlos sind und deshalb monströs: Weil sie uns ein erwachsenes Leben nicht mehr ermöglichen.

«Wenn du heute abend weggehst, dann bin ich ab sofort mucksig und schlecht gelaunt. Außer du kaufst mir die letzte CD von Eros Ramazotti.» Das, so Elsa, die das ja durchaus sieht, ist die Strategie ihrer Tochter Lena.

Sebastian meckert und nörgelt, kritisiert, und notfalls beleidigt er die Freunde seiner Mutter. «Wenn ich den Typen lange genug miesmache, dann serviert meine Mutter ihn ab. Sie fragt mich immer nach meiner Meinung, und schon das finde ich bescheuert. Sie ist so unsicher. Früher hat sie immer meinen Vater gefragt, jetzt fragt sie mich.» Sebastian ist da ganz coole zwölf Jahre. Er überlegt, wo seine Vorteile sind.

Jon ist aus der Serie kindlicher Herzensbrecher. Er ist so lange reizend, solange alles so läuft, wie er das gern hätte. Biestig wird er nur, wenn er mit seinen Eltern allein ist. Straßenengel – Hausteufel.

Das sind dann diese verwöhnten unausstehlichen Kinder in Designerklamotten und mit der kompletten Unterhaltungselektronik, erpreßt von Eltern, die sich Ruhe und Ungestörtheit erkaufen müssen.

Und wie entkommt man den kleinen Monstern? Wie kann man wenigstens mal kleine Fluchten arrangieren, zum Beispiel für ungestörte Liebe am Nachmittag?

«Wir haben das mal in einer englischen Filmkomödie gesehen», erzählt Bernd, «und gleich in unser Repertoire aufgenommen. Am besten ist eine Mischung aus Videocassetten und einem lautstarken orchestralen Arrangement von diversen Küchengeräten, damit kannst du die Kids wunderbar ablenken.»

«Wenn du noch jung bist, dann machst du es eben auch mal in der Küche oder im Badezimmer», sagt Helen. «Wir haben unsere Kinder aus pädagogischen Gründen kaum fernsehen lassen. Die sind dann immer völlig weg gewesen, wenn sie gucken durften. Das war dann unsere Chance.»

Nur auf Dauer gibt solch quickes Sexualleben blaue Flecken und Verstauchungen und bleibt dem jugendlich sportlichen Elterntyp vorbehalten.

Die Freude ist ja auch schnell dahin, wenn den Liebsten mitten im Akt ein Wadenkrampf ereilt oder die Liebste wegen stechender Schmerzen im Kreuz oder Splitter im Hintern um Unterbrechung bittet. Man sehnt sich dann doch nach opulenten ungestörten Nachmittagen oder Abenden im Bett. Natürlich ist es alles nie so schön wie im Kino. Der Romantik und einem himmelstürmenden Liebesleben sind sicher auch andere Grenzen gesetzt als schreiende und fordernde Kinder.

Zauberhaft fand ich ein Telefongespräch mit Paul, dem vierjährigen Sohn von Freunden, an einem Samstagnachmittag. «Meine Eltern wollen jetzt nicht gestört werden», sagte er leise ins Telefon, «die liegen im Bett und haben sich ganz lieb.»

Der Familientisch als Schlachtfeld
Die ästhetische Zumutung

Wie wir gesehen haben,
ist das Kind der Feind des
frischgebohnerten Parketts

(Simone de Beauvoir)

*I*ch habe schon sämtliche Symptome einer Nur-Hausfrau», sagt Bernd. Bernd ist Hausmann. Seit ihr zweites Kind ein halbes Jahr alt ist, arbeitet seine Frau Thea wieder ganztags. Bernd hütet also das Reihenhaus am Stadtrand und zwei muntere Töchter. «Ich steige morgens in meinen ausgebeulten Jogginganzug und denke dann, Hemd und saubere Hose lohnen sich eh nicht, du gehst doch sowieso nur einkaufen. Wer sieht mich da schon. Hausfrauen und Mütter, die genauso rumlaufen wie ich. Spätestens nach der Mittagsfütterung sieht alles wieder aus wie Sau, und nachmittags gehen wir dann in den Garten, und dann lohnt es sich auch nicht. Abends bin ich oft so müde, daß ich meine Frau in diesen ollen Sachen empfange. Wirklich.»

Wir sitzen am runden Küchentisch. Im Kinderstühlchen zerbröselt Tochter Isabel eine gesunde Müsli-Knabberstange. Bernd trägt seinen beliebten Anzug, seine Haare sind länger als sonst, und er hat schwarze Ränder unter den Fingernägeln.

Ich habe Bernd kennengelernt, als er noch der gestylte Yuppie war, stets topaktuell gekleidet, in der schicken Szene zu Hause und immer wußte, was in und out war. Außerdem war er ein Frauenbetörer wie aus dem Bilderbuch.

«Du wirst es nicht glauben», grinst Bernd, «aber ich bin völlig aus der Übung. Ich habe weniger Willenskraft als eine Frau. Ich wasche mir nur noch einmal die Woche die Haare. Kannst du dir das vorstellen?»

Nein. Früher zelebrierte Bernd seine Körperrituale mit mehr Andacht als jede Frau, die ich kenne.

Tja, und wenn dann der Vati mal als Mann brillieren will, dann passiert ihm so was: «Ich gehe zum Geschäftsjubiläum eines Freundes. Allein, was auch mal wieder schön ist. Gala, ich mit meinem besten Anzug, der ein bißchen knapper sitzt. Wahrscheinlich esse ich zu viele Reste. Na ja, ich betrete also den Raum, erwartungsvoll, gutgelaunt und gutaussehend, wie ich meine, und dann weißt mich die Gastgeberin mit spitzen Fingern und spitzer Zunge darauf hin, daß etwas an meinem Jackett klebt. Weißt du, was es war? Ein Klumpen Zwieback am Ärmel meines Jacketts, festgepappt vom Speichel meiner einjährigen Tochter.»

Bernd verdreht die Augen, als ich schallend lache.

«Ich kam mir so häßlich vor, so lächerlich, es war entwürdigend, albern. Ich stolziere da an all diesen eleganten Leuten vorbei mit diesem kindlichen Souvenir dekoriert, diesem Geschmier... Und was mich am meisten gewurmt hat», schnauft Bernd, «daß ich gleich als Vater identifizierbar war, wo ich doch mal nur als Mann gesehen werden wollte. Wenn das so weitergeht, muß ich aufpassen, daß ich einer Frau neben mir kein Lätzchen umbinde, ihr das Fleisch nicht in Häppchen schneide und sie damit füttere. Ich hätte wirklich lieber mal wieder Lippenstift am Jackett, Spuren von einem Abenteuer mit einer schönen, fremden Frau als dieses väterliche Image.»

Tja, so werden nicht nur aus Frauen wuselige Mütter, sondern auch aus Männern flusige Väter. Hat das denn Auswirkungen auf das Liebesleben mit Thea?

«Ich glaube schon», meint Bernd selbstkritisch, «wenn's auch umgekehrt ist, so ist es doch ebenso unerfreulich: Sie ist vom Job gestreßt, ich von den Kindern, und wir haben uns abends wirklich manchmal gar nichts mehr zu geben. Thea absolviert dann noch das Kinderkuschelstündchen, und das war's dann auch.»

«Vielleicht solltest du dich mal etwas verführerischer präsentieren», schlage ich vor. «Sonst geht dein ganzer Sexappeal verloren.»

«Meinst du wirklich?» fragt Bernd in komischer Verzweiflung. «Wirke ich überhaupt nicht mehr? Bin ich ein geschlechtsneutraler Mappi?» – Ein Mappi ist eine Mischform aus Mutti und Papi, wobei Mappis selbstverständlich die besseren Mütter sind.

Im nächsten Jahr werden beide die Segnungen eines Kindermädchens oder Au-Pair-Mädchens genießen, sagt Bernd. «Wenn ich nicht mehr auf Frauen wirke, dann muß sich etwas radikal ändern.»

Drum prüf sich, wer das Kinderland verläßt und sich in der Welt der Erwachsenen nicht blamieren will!

Etwas, was die so korrekte Elsa auch mal vergaß. Gut, schuld war Lea, die ihren obligatorischen Aufstand machte, weil Elsa abends wegging. Nun, dies geschah nicht zu Elsas Privatvergnügen, sondern aus beruflichen Gründen.

«Ich trug ein hellgraues Seidenkleid, mein Lieblingskleid, weil es genau zu meiner Augenfarbe paßt. Ich wollte auch schön aussehen, ein bißchen flirten, vielleicht mal einen Mann kennenlernen, der auch mit Lea kann. Wann ging ich schon aus! Ich stehe also da, mit meinem Sektglas in der Hand, mit dem Rücken zur Wand. Fühle mich gut, lache, albere mit einem Kollegen herum, und irgendwann fahre ich an meinem Rock lang und habe rote Finger. Vor Schreck ließ ich fast mein Glas fallen. Menstruationsblut, denke ich sofort mit Entsetzen und mein Gott, wie peinlich, und wie komme ich jetzt hier weg. Durch all die Leute durch, oder bleibe ich so lange hier stehen, bis alle weg sind? Ich wäre am liebsten im Erdboden versunken. Aber dann merke ich, daß es Fingerfarben sind. Neben dem Rot ist da nämlich noch ein Grün, und das kann ja wohl kein Blut sein.»

«Wie hast du dich aus der Affäre gezogen?»

«Ich habe das Gespräch geschickt auf Kinder gebracht, obwohl ich da gar nicht drüber reden wollte, und dann habe ich meine Hand gezeigt und mich umgedreht, und auf die Farbe gezeigt. Und etwas von der künstlerischen Entwicklung meiner Tochter erzählt. Damit hatte ich die Lacher auf meiner Seite.»

«Und was hast du deiner Tochter gesagt? Ich wäre stocksauer gewesen.»

Nein, um Himmels willen, da ist Elsa wieder ganz die alles verstehende und verzeihende Mutter. Lea habe das doch nicht mit Absicht getan. Sie habe das bestimmt ganz in Gedanken getan. Sich sozusagen en passant die Malhändchen an Mamas bestem Kleid abgewischt? Vielleicht wollte Klein-Lea der Mutter ja doch den Mama-Stempel aufdrücken? Gelungen ist ihr das auf jeden Fall. Nach diesem Desaster war Elsa die Lust auf Herrenbekanntschaften erst mal vergangen.

Kinder können unser ästhetisches Selbstverständnis entscheidend verändern. Aus schicken Frauen werden pludrige Mütter... «Ich habe so eine Phase gehabt, als ich noch gestillt habe», erzählt Anja. «Ich besuchte eine Freundin. Die hat mich kaum wiedererkannt, weil ich aussah, als wäre ich grade vom Pfadfinderinnentreffen gekommen. Mir war nach weit und gemütlich, alles andere war mir komplett schnuppe.»

«Wie hat dein Liebster darauf reagiert?»

«Das war gar kein Thema, ich war total k. o. Diese Stillerei! Wenn ich mich erinnere, dann hat diese Phase jeweils drei Jahre angehalten.»

«Das hat eure Beziehung nicht belastet?»

«Nee, so ist er nicht. Es war eher so, daß ich einfach überhaupt keinen Sinn hatte für Vibrations zwischen mir und anderen Männern. Das war völlig weg. Vergangenheit. Worum ging's da eigentlich noch damals? Das war völlig out. Mich selber mal als eine attraktive Frau wahrnehmen zu wollen, der Wunsch war überhaupt nicht da. Das war überhaupt kein Thema.

Als zweifache Mutter stehst du sowieso bei vielen Männern unter Mutterschutz. Die flirten nicht mal mit dir», stöhnt Anja.

«Dein Mann fand das nicht irritierend, der konnte damit leben?»

«Ich glaube ja, sonst wüßte ich das ja. Wenn er es moniert hätte, wäre es mir, glaube ich, gar nicht aufgefallen. Hat sich nicht niedergeschlagen in irgendwelchen Stornoaktionen.»

Erst sind sie in anderen Umständen, dann in anderen Zuständen. Kommt auch nicht in jeder Beziehung die Sexualität dramatisch zum absoluten Stillstand, wenn die Frau irreversibel von der Geliebten zur Mutter seines Kindes geworden ist und damit sexuell unattraktiv bis unantastbar, so weckt diese Phase bei Männern jedoch auf jeden Fall große Lust auf fremde Frauen. Bloß weg von dieser Aura von Babynahrung, Pampers und mütterlicher Anspannung. Ach ja, als Mutter ist man seltsamen Wandlungen unterlegen:

«Ich bin eine erotische Nullnummer», stöhnt eine Freundin.

«Mein Leben hat sich plötzlich auf praktisch, abwaschbar und kindgerecht reduziert. Ich kriege schon Schreikrämpfe, wenn meine Mutter mir wieder so was praktisches mitbringt. Warmhalter für Babyflaschen, Plastiktaschen für die Pampers unterwegs... Als wollten mich alle nur noch als Mutter sehen. Die ganze Wohnung ist ein Legoland, und da kann ich zwar mit meinen Bollerhosen prima auf dem Boden robben und meinen beiden Kleinen einen sooo hohen Turm bauen und mir auch gerne mal das Malwasser in den Nacken kippen lassen, aber praktisch ist meist nicht schön oder gar sexy.»

Statt nach Parfum riecht sie nach Penatencreme und Milch, statt nach der neuesten Mode schaut sie nach süßen Strampelhosen und statt frivoler Anmache lauscht sie dem Glucksen des Säuglings an ihrer Brust. Und statt des Liebesgeflüsters ihres Angetrauten hat sie das Rauschen des Babyphons im Ohr.

Traum einer Mutter: «Ich träume davon, mal so wie andere Paare wieder fotogene Dinge zu tun: Picknick, bei dem die Champagnerflasche beim Öffnen nicht beinahe explodiert und im Kuchen kein dickes Loch gepult ist. Ich möchte Kaffee aus zierlichen Tassen trinken und nicht in Wurflinie von irgendwelchen Flugkörpern sein, die mir garantiert den heißen Kaffee aus der Hand schießen. Ich möchte ein weißes Sofa haben und helle Teppichböden ohne Flecken, durch eine aufgeräumte Wohnung gehen können, ohne über Fischertechnik und Holzklötze zu stolpern. Abends möchte ich ohne tausend Quietsche-Enten in der Badewanne sitzen und keine Badelotion auf dem Kopf ausgegossen bekommen. Und dann möchte ich meinen Liebsten erwarten und Seidenstrümpfe tragen und ein Spitzenkleid. Und mein Kind schlummert selig. Wenn es wach wird, dann ist ein Kindermädchen da, das ihm Schlaflieder singt.»

Schon Simone de Beauvoir mokierte sich in ihrem feministischen Klassiker «Das andere Geschlecht» (Hamburg 1951): «Die Frauenzeitschriften erteilen der Hausfrau tausend Lehren in der Kunst, beim Geschirrspülen sexuell attraktiv und während der Schwangerschaft elegant zu bleiben, Koketterie, Mütterlichkeit und Sparsamkeit zu verbinden. Aber diejenige, die sich darauf einließe, solchen Ratschlägen brav zu folgen, wäre bald, von Sorgen geplagt, mit ihren Nerven und mit ihrer Schönheit am Ende. Es ist mühsam, begehrenswert zu bleiben, wenn die Hände rissig sind und der Körper von Schwangerschaftsstreifen gezeichnet ist. Die verliebte Frau hegt daher oft einen Groll gegen ihre Kinder, die ihre Verführungskraft zunichte machen und sie um die Zärtlichkeiten des Ehemannes bringen. Fühlt sie sich dagegen zutiefst als Mutter, ist sie eifersüchtig auf den Mann, der seinen Anspruch auf die Kinder geltend macht. Hinzu kommt, daß das Ideal eines gepflegten Haushalts in direktem Gegensatz zur Bewegung des Lebens steht. Wie wir gesehen haben, ist das Kind der Feind des frischgebohnerten Parketts.»

«Ich will schon ein bestimmtes Maß an Ästhetik und Ordnung», sagt Franziska. «Auch mit dem Kind. Du wirst sonst bekloppt, wenn du alles so zumüllen würdest. Ich räume schon abends einigermaßen auf. Das siehst du auch an meiner Wohnung. Da merkst du nicht unbedingt, daß ich ein Kind habe. Ich kann auch so Wohnungen nicht ausstehen von Leuten mit Kindern, wo in jedem Zimmer überall alles rumliegt. Niklas hat natürlich sein Zimmer, und da fliegt auch alles durch die Gegend.»

«Mein Vater starb, als meine Mutter Mitte dreißig war», erzählt Oliver. «Ich war zwölf und meine Schwester zehn, als meine Mutter nach zwei Jahren Witwendasein, einer Zeit, in der sie sich sehr um uns gekümmert hatte, verkündete, daß sie sich nun eine Arbeit suchen würde. Wir hatten das Haus und die Lebensversicherung meines Vaters, aber das Geld ging allmählich zur Neige, und meine Mutter war nicht der Typ, der den ganzen Tag zu Hause hockte und auf die Kinder wartete. Dennoch hatten wir uns daran gewöhnt, daß sie immer verfügbar war. Dann ging sie plötzlich abends weg, nahm eine Halbtagsstelle als Sekretärin in einem Anwaltsbüro an, und prompt verliebte sich der eine Teilhaber in sie.

Wir waren schlicht entsetzt, als unsere Mutter sich mit ihm privat traf. Und ihn wohl ebenfalls mochte. ‹Er sieht schrecklich aus›, sagte meine Schwester. ‹Er ist so plump, so alt. Er hat eine Glatze.›

Abends steigerte sie sich in hysterische Weinkrämpfe, und da meine Mutter oft nicht da war, mußte ich sie trösten, und dabei war mir selber ganz elend zumute.

‹Ich will meinen Papa wiederhaben›, heulte meine Schwester, und ich haßte sie, die nicht aufhörte zu heulen, und ich haßte meine Mutter, daß sie mich mit diesem heulenden Etwas allein ließ und sich vergnügte. In dieser Zeit war ich oft sehr wütend.

Dann kam der Tag, an dem wohl die Beziehung auch vor uns Kindern offiziell gemacht werden sollte. Abendessen mit unserem zukünftigen Stiefvater: Der Tisch war festlich gedeckt, meiner Mutter machte es sichtlich Vergnügen, für diesen Mann alles schön zu machen, und sie strahlte vor Freude. Wir sollten uns natürlich auch ordentlich anziehen und nett sein. Und weigerten uns kategorisch. Im nachhinein bewundere ich die Geduld meiner Mutter, vielleicht hatten wir es auch ihrer neuen Liebe zu verdanken, daß sie uns gewähren ließ. Wir erschienen also in abgeschnittenen und ausgefransten Jeans und ausgeleierten, fleckigen T-Shirts, ungekämmt, ich mit buntem, klebrigem Gel in den Haaren, meine Schwester mit dicken Kajalstrichen um die Augen. Wir sahen fürchterlich aus und benahmen uns während des ganzen Essens unausstehlich. Ich weiß noch, daß ich innerlich vor Wut kochte, weil meine Mutter zum ersten Mal seit dem Tod meines Vaters Bœuf Bourgignon gekocht hatte, eines unserer traditionellen Familienessen. Ich rülpste andauernd, meine Schwester kicherte hysterisch, wenn sie nicht grade an ihren Haaren zog und auf den Spitzen herumkaute, was selbst ich widerlich fand. Und dann, nach diesem Essen kam die Ketchup-Inszenierung. Wir gingen nach oben, angeblich um zu schlafen. Nach einer Weile schrie ich nach unten: ‹Mutti, komm schnell! Hilfe! Eva hat sich die Pulsadern aufgeschnitten.› Meine Mutter und ihr Verehrer stürzten die Treppe hoch und ins Badezimmer. Das hatten wir geradezu filmreif mit Ketchup und roter Farbe beschmiert. Eva stand da, mit einer Glasscherbe in der Hand. Ich bin sicher, daß meine Mutter für einen Augenblick die Geschichte glaubte, bis Eva laut lachte.»

Makaber ohne Ende.

Nicht, daß Oliver diesen Großangriff heute noch bewundernswert findet! Aber erstaunlich ist der Einfallsreichtum, mit dem Kinder vorgehen, wenn sie einen romantischen Abend in ein ästhetisches Fiasko verwandeln. Da wollen die Erwachsenen mit Rotwein auf Glück und Liebe anstoßen, und die Kinder erzählen detailliert von den zerstückelten Opfern des Kettensägenmassakers und anderen Pikanterien aus Horrorfilmen, übrigens mit einer Abgebrühtheit, die wir nie mehr erlangen werden. Da gibt es erste zärtliche Berührungen, und die Blagen schwelgen in Ekelwitzen von Schleimy und Konsorten. Ich weiß von einer Dreizehnjährigen, die sich gerne vor den Freundinnen ihres Vaters über Krankheiten ausläßt, die durch Geschlechtsverkehr übertragen werden.

Mag sein, daß Kindermund Wahrheit kundtut, aber die ist nicht immer so unverblümt gefragt. Zumal wir alle unsere süßen Geheimnisse haben und unsere Schwachstellen nicht gleich zu Beginn einer neuen Leidenschaft rausposaunt wissen wollen.

Kinder kennen da nichts. Sie verraten, daß ihr Papi einen Bauch hat und Mutti Krampfadern, sie schwatzen von seinen dritten Zähnen und ihren gefärbten Haaren.

Genauso gerne, wie sie ihre Eltern auf Freiersfüßen demaskieren, spielen sie bei potentiellen neuen Partnern Geschmackspolizei: Deine neue Freundin hat so dicke Beine, geben sie, natürlich in Anwesenheit der Betreffenden, von sich, oder: Meine Mama ist viel schöner als du. Mein Papa hat aber nicht so eine dicke Nase wie du, oder wie mal ein Vierzehnjähriger zu seiner Mutter sagte: «Mit dem Schlaffi solltest du deine Connection lassen.»

«Und außerdem kann man Kindern alles andere nachsagen, als daß sie unschuldig sind. In diesem Zusammenhang brauche ich nur an unseren Prof. Freud zu erinnern und dessen unsterbliche Definition des Kindes als ‹polymorph Perversem›; mein erster Vorschlag wäre daher, daß das ‹Jahr des Kindes› umgetauft werden müßte in das ‹Jahr des polymorph Perversen›.» (Giorgio Manganelli, «Offener Brief des Königs Herodes zum Jahr des Kindes»)

Kinderspiele hinterlassen Spuren: Autos, Eisenbahnen und Schiffe; in der Wohnung kreuzen sich Verkehrswege wie an Knotenpunkten in einer Großstadt. Autorennen müssen im Wohnzimmer stattfinden, U-Boot-Schlachten in der Badewanne, Städtebauten in der ganzen Wohnung und bevorzugt, wenn sie gerade mal aufgeräumt wurde.

Kinder sehen Erwachsene auch weniger als Menschen, denen mal was weh tut, denn als multifunktionale Objekte: Man kann sich an ihnen Finger und Mund abwischen wie an einer übergroßen Serviette, sie behaften Körper und Klamotten, bevorzugt die der Mutter.

Man kann Erwachsene als Sitz- und Liegemöbel benutzen, als Haltegriffe, als Lexika sowieso, aber auch als Mal- und Kritzelfläche; bevorzugt helle und saubere Garderobenteile eignen sich prima für Graffiti.

Auch gewisse Kinderspiele machen den Erwachsenen bedingungslos zum Objekt: «Sag mal Pfütze», sagt das Kind ganz harmlos. «Pfütze», antwortet kooperativ der Erwachsene. «Zehn Minuten Stütze», kreischt das Kind begeistert und rammt seinen spitzen Kinderellenbogen in unsere Hüfte, auf unseren Bauch oder ins Kreuz, lehnt und legt sich seitlich auf uns. Wir wollen eigentlich mal nichts an uns dran haben, vielleicht mal unsere Nägel lackieren.

«Sag mal Wolle.» – «Nein», antworten wir, vorsichtig geworden. «Kannst du ruhig sagen. Ist nichts schlimmes.» Na gut. «Wolle.» – «Zehn Minuten Arschkontrolle», kreischt das Kind. Und schon reißt es an unseren Jeans oder hebt den Rock, um zur Tat zu schreiten. Kinder finden das witzig, Kinder lachen sich schlapp darüber. Kinder können das ständig wiederholen.

Äußerst beliebt sind bei Kindern auch Spiele, die Erwachsene bescheuert aussehen lassen und weh tun: Naseklingeln und Ohrenziehen geht ja noch. Die Steigerung, Nasedrehen und Ohrringe abreißen wollen, ist schon übler.

Wenn die Kids dann älter sind, machen sie einen mit Trivial Pursuit oder dem neuesten Computerspiel nieder. Und Verlierer sehen einfach nie so gut aus wie Gewinner. Übrigens, Öffentlichkeit ist kein Schutz gegen derlei Spiele.

Kinder hinterlassen Spuren.

Kleine Kinder hängen süß und klebrig, spuckend und nuckelnd am mütterlichen Kleiderzipfel. Wer kennt ihn nicht, den oft aussichtslosen Kampf gegen die Gebrauchsspuren von Kindern, die sich klebrig, feucht oder krümelig durch die Wohnung ziehen und alle Räume zu einem einzigen Kinderland zusammenwachsen lassen, in dem Chaos regiert.

Kleine Kinder hinterlassen Spuren von Kakao und Kacke, große Kinder von Cola und Kaugummi.

Wie wehrt sich Anja gegen die Verunstaltung ihrer Wohnung?

«Bei uns ist es so, daß jeder ein eigenes Zimmer hat, ganz für sich, und im eigenen Zimmer hat jeder seinen eigenen Kram, und das eigene Zimmer ist für alle anderen Sperrzone. Jedes Kind kann sein Zimmer so herrichten, wie es möchte. Ulli hat sich gerade aus Balken und Tauen ein Regal für seine Pistolen gemacht, das hängt da und sieht ziemlich furchtbar aus, aber das ist in Ordnung. Das soll auch so sein.»

«Kein Kinderland in der ganzen Wohnung?»

«Es gibt Küche und Eßraum, die allen zur Verfügung stehen, aber relativ kinderspielzeugfreie Zone sind, da hat aber auch von uns Erwachsenen keiner seine Sachen rumliegen. Das ist ein allgemeiner Eß- und Wohnbereich. Wir haben kein Wohnzimmer. Lisa, in ihrer Pubertät, findet es ultracool, alles unordentlich zu haben. Ohne Ende läuft die Musik. Da mußt du öfter sagen: Würdest du die Tür zumachen. Aber ansonsten sind die Zimmer kein Thema.»

Auch ein Besuch bei kinderlosen Freunden und Designliebhabern kann sich zur Katastrophe auswachsen. Das einzig sichere Mittel: Das Kind verschnürt und geknebelt neben sich setzen und nicht aus den Augen lassen! Doch gibt es auch kindliche Entfesselungskünstler. Natürlich beneiden uns diese Paare, weil wir so eine süße Rotznase haben. Was aber nicht so weit geht, daß sie sich darum reißen, auf sie aufzupassen oder mit in ihr Ferienhaus zu nehmen.

Aber wir dürfen gerne mal kommen und sie in ihrem Penthouse besuchen. Damit auch wir ein bißchen neidisch werden können auf die makellose Schönheit ihrer Wohnung. Ein beliebtes Gesellschaftsspiel – sich gegenseitig neidisch machen.

Und dann kommst du mit deinem Kind, und treffsicher findet es den sensibelsten Punkt im ästhetischen Empfinden der Gastgeber: sei es die Schmutzgrenze, sei es die Ekelgrenze. Mit wenigen Handgriffen bringt das Kind ästhetische Arrangements durcheinander, gefährdet chinesisches Porzellan und alte kostbare Teppiche genauso wie die Designerküche.

Überall und von früh auf verstehen sich die Kids auch auf allerlei unmelodische und unschöne Lärmerzeugnisse, die nicht nur jedes sinnvolle Gespräch unter Erwachsenen verhindern, sondern meist auch deren Musikgeschmack beleidigen. Besonders gern lassen sie akustische Kracher los, wenn wir verträumt in alten Liebesschnulzen baden oder mit dem Liebsten Wange an Wange nach «unserem» Lied tanzen oder einen romantischen Abend auch musikalisch anklingen lassen wollen. Nie werden wir uns an Techno oder Heavy Metal gewöhnen! Die Kids sind eine ästhetische Zumutung!

Kinder – das Naturereignis

Alles verändert sich vom
Schlechten zum Schlimmen.

(Murphys Kindergesetz)

In Julian Barnes' Roman «Metroland» (Zürich 1989) bekommt der Held Christopher Besuch von seinem alten Freund und Schulkameraden Tom. Christopher ist mittlerweile mit Marion verheiratet und hat eine kleine Tochter, Amy, während Tom noch immer die Freuden eines freien Junggesellendaseins genießt.

«Die Unterhaltung war etwas verkrampft, dann setzten wir uns zum Essen. Amy thronte, den gelben Plastiklatz mit Traufe um den Hals, links neben Tom in ihrem Kindersitz. Tom zog sofort eine große Show ab, indem er seinen Anorak anzog und sein Gedeck mehrere Zentimeter nach rechts schob, aus der, wie er sich ausdrückte, Spuckzone heraus.

‹Man kann nämlich nie wissen, wann sie anfangen zu spucken›, klärte er uns mit der Autorität der Nicht-Elternschaft auf.

‹Sie ist sehr brav›, sagte Marion bestimmt. ‹Nicht wahr, Spätzchen. Außer, wenn sie schlimme Blähungen hat, natürlich.›

Tom tat, als würde er zusammenzucken. ‹Warum ist ein normales Baby wie eine erfolglose Scheißhaussitzung?›

Marion runzelte leicht die Stirn; ich sagte, ich wüßte es nicht. ‹Beide sind nichts als Pisse und Wind.›»

So ist das mit den süßen Kleinen: wir essen Erdbeertörtchen mit Sahne, und sie machen mit hochrotem Kopf ihre Pampers voll. Sie pinkeln uns ungeniert auf unsere neuen Schuhe, ganz helle, ganz empfindliche, nachdem sie eine halbe Stunde auf ihrem Töpfchen vertrödelt haben.

Gern bleibt auch das alleinerzogene Kind beim Bodenturnen an den seidenbestrumpften Beinen von Papas neuer Flamme hängen, oder es springt ihr von hinten ins Kreuz und zerrupft ihr die Aufsteckfrisur.

Wenn sie ihre Geschicklichkeit im Werfen erproben wollen, dann

schleudern sie dem neuen Liebhaber der Mutter ein offenes Honigglas vors Armani-Jackett oder kippen ihm einen Teller Spinat über die Hose.

Alles, was stinkt, klebt oder besonders farbintensiv ist, gerät in Kinderhand zur Schreckenswaffe gegen makellose Sauberkeit und unbefleckte Eleganz.

Wie damals, als mein knapp einjähriger Sohn vom selbstversunkenen Löffeln im handgerührten Möhrenbrei aufsah und so blitzschnell und feste in den Teller schlug, daß meine neue, wunderschöne zartfarbige Cacharel-Bluse vor dem Regen aus Möhrenbrei nicht mehr zu retten war. Da die Möhrenkleckse nie mehr ganz herausgingen, hieß die Bluse fortan die Möhrenbluse, und ich beschloß, mich für gesellschaftliche Ereignisse erst dann umzuziehen, wenn das Kind entwaffnet war.

Nein, das Kinderkriegen ist im Zeitalter der Pille meist kein Naturereignis mehr. Was mal die natürlichste Sache der Welt war, wird heute geplant, bedacht und dann sorgfältig «angesetzt», damit Kinder unter möglichst optimalen Startbedingungen auf die Welt kommen.

Sind sie dann aber da, zeigt sich, daß die Spezies Mensch in ihrer frühen Ausfertigung der Natur nähersteht als der Zivilisation. Menschliches näßt durch und hinterläßt überall seine Spuren. Kinder laufen aus, ob sie sabbern oder pinkeln müssen, heulen oder ihnen die Nase läuft – sie sind undichte nässende und tropfende Wesen. Ihnen folgt meist eine sichtbare, riechbare und hörbare Schleifspur durch die Lebensräume der Erwachsenen.

Der Baby-Mensch, so klein er auch sein mag, ist ein Riesenpaket von Bedürfnissen, die sich höchst urwüchsig durchsetzen. Kleinkinder brauchen da keine Differenzierungen: Schreien reicht völlig aus, um einen Abend zu torpedieren. Babys schreien notfalls, bis sie blau anlaufen, was auch kein schöner Anblick ist und Kinderfeinden weitere Argumente an die Hand gibt: Kinder sind nicht niedlich.

Kinderbedürfnisse äußern sich zu den unpassendsten Zeiten. Wenn die erwachsenen Vergnügungen und Freuden gerade keine Störungen erlauben, dann sabotieren die Kids genau das mit schöner Regelmäßigkeit.

Kinder haben fürchterliche Eßgewohnheiten, sie essen mit offenem Mund, legen Halbzerkautes zurück auf den Teller oder pulen sich im Mund rum. Sie greifen mit ihren fettigen Pommes-Fingern an den Ärmel ihres erwachsenen Nachbarn. Für empfindsame Gemüter ist so ein Anblick dann nicht vereinbar mit späterem delikatem Liebeswerben.

Kinder kotzen im Restaurant, wenn gerade das Essen beginnen soll.

Babys pupsen laut und ungeniert, schicken einen kapitalen Stinker hinterher, wenn ansonsten die Luft rein ist und nur Parfum wehen sollte.

Wie lange hat sich die alleinerziehende Mutter auf diesen Abend gefreut. War es schon gar nicht so einfach, überhaupt einen netten Mann kennenzulernen, und nun kommt er zum Abendessen zu ihr nach Hause. Das erste Mal. Sie ist aufgeregt. Sie möchte ihm zeigen, wie schön sie es hat, wie sie alles im Griff hat, die Wohnung, den Beruf, das Kind, und daß sie eine zugewandte, aufmerksame Frau für ihn sein wird. Er wäre natürlich lieber mit ihr allein... aber nein, ein Kind stört ihn natürlich nicht, am wenigsten, wenn es schläft.

Tatsächlich schlummert das Kind auch friedlich, als der Besuch kommt, mit Blumen – wie romantisch! So romantisch bleibt es auch bei Champagner und verliebten Küssen. Die alleinerziehende Mutter wagt aufzuatmen und sich zu entspannen. Und bittet zu Tisch.

Und dann öffnet sich zwischen Vorspeise und Lachsmousse leise die Tür, und ein verschlafenes Kind stolpert in die Arme seiner Mutter mit den Worten: «Mama, ich muß kotzen!» Und das tut es dann auch, auf der Stelle, vor dem schön gedeckten Tisch und dem entsetzten Gast.

Die Natur hat es auch so eingerichtet, daß Kinder über eine schier unerschöpfliche Energie verfügen. Kindliche Spielfreude zum Beispiel ist ein Euphemismus. Dahinter steckt die geballte Energie für unendliche Wiederholungen und Nachahmungen.

Da spielt das Kind stundenlang Autorennen: es läßt ein Auto durch die Gegend flitzen und schreit dazu: Iiiiiing. Iiiiiing. Jong. Kreisch. Letzteres fürs Bremsen. Wahlweise bieten sie einem Züge (als Puffpuff immer noch mit Dampflokgeräuschen, sind ja auch viel schöner und lauter), Schiffe, Krankenwagen, Polizeiautos, Flugzeuge, Raketenstarts und Schiffe an. Alles laut und die Verkehrswege sind so angelegt, daß sie durch die ganze Wohnung gehen. Wenn man nicht aufpaßt, lebt man plötzlich mitten in einem Verkehrsknotenpunkt und frühstückt mit den Füßen in der Carrerabahn.

Auch Zärtlichkeit scheint vulkanartig auszubrechen: Da gibt es aus heiterem Himmel feuchte Kußattacken wie von jungen Hunden, heftige Umhalsungen, mit Kopfnüssen und Nasedrehen, was äußerst schmerzhaft ist, von den Kleinen aber ganz lieb gemeint ist, genauso wie die kleinen spitzen Finger in die Augen bohren, was wieder pure Entdeckerfreude ist.

Ältere Kinder testen dann unvermutet Vaters Bauchmuskeln, indem sie ihm eine Faust in den Magen rammen, oder Mutters Standfestigkeit mit einem plötzlichen Bodycheck.

Kinder brauchen auch immer zeitaufwendige Schlafrituale, besonders dann, wenn's schnell gehen soll. Wenn Erwachsene etwas vorhaben, was aus dem Rahmen fällt. Wenn sie etwas für sich alleine unternehmen wollen. Dann braucht es extra Küsse, extra Geschichten, extra Streicheleinheiten. Die Mutter erzählt die Gutenachtgeschichte nun schon zum dritten Mal. Im genau gleichen Wortlaut, da ist das Kind sehr, sehr streng und wachsam. Auch beim vierten Mal. Wenn es schläft, dann kann die Mutter sich umziehen, und dann kann sie sich treffen mit... Aber das Kind wird und wird nicht müde. Die Mutter wird müde. Eine halbe Stunde später findet der Babysitter eine schlafende Mutter am Bett ihres Kindes und ein quietschfideles Kind, das auf dem Boden sitzt und Zoo spielt: «Alle Tiere müssen jetzt schlafen.»

Ähnlich ist das morgens. Kinder müssen nur dann hartnäckig geweckt werden, wenn der Tag Schule, Kindergarten oder andere frühe oder unangenehme Termine bereithält. Da kommt das Kind nur mit elterlicher Hilfe aus den Federn.

«Morgens um halb sieben mit den Schulkindern aufstehen, das ist eine unheimliche Anstrengung, einfach abartig», schimpft Anja. Immer wieder müssen wir uns neu auf den Lebensrhythmus der Kinder einstellen: als Babys, Kleinkinder, Schulkinder. Das frühe Aufstehen bleibt.

«Wenn sie klein sind», sagt Helen, «dann sind sie morgens munter und abends munter. Bei den älteren ist es umgekehrt.»

«Ich empfinde das als einen Eingriff», sagt Anja. «Seit die etwas älter sind, können wir sonntags mal wieder länger schlafen, weil die zu Freunden frühstücken gehen.»

Liebe machen am Morgen, wie schön, die Wohnung ist ruhig, das Kind scheint länger schlafen zu wollen. Unsere alleinerziehende Mutter hat endlich den Liebsten im Bett, und da soll es schön sein. Und was ist schöner als ein männlicher Arm, der einen an sich zieht, um noch einmal die frühmorgendlichen Liebeswonnen zu genießen, etwas, was die alleinerziehende Mutter so lange entbehrt hat. Die Sonne scheint durch die Vorhänge, die Vögel zwitschern, und sie spürt, wie sie ganz weich, saftig und lustvoll für einen köstlichen Augenblick alles vergißt...

«Mama, was machst du da?»

Nur noch der Gedanke, runter von dem Mann, sich irgendwas gegriffen und auf den Mann geworfen, das Kind genommen und mit ihm raus und ablenken. Meine Güte, wenn es nun geschockt ist! Was hat es gesehen, gehört? Aber das Kind ist einfach wach und putzmunter und glücklich. Mama ist wieder da für alle Bedürfnisse des jungen Morgens und besonders nett, weil sie ein schlechtes Gewissen hat.

Natürlich schlafen Kinder dann nicht, wenn's mal wieder Sex im Ehebett geben soll. Garantiert stehen dann quengelnde Kleine mit Schlafbäckchen auf der Matte, wir wissen, was das bedeutet: Jene berühmte Frage aus Kindermund «Darf ich zwischen euch?» wird ein Kind immer dann stellen, wenn's mal wieder einen elterlichen Liebesabend geben soll. Und natürlich wachen sie gerne auf, wenn man mittendrin ist und die Sache richtig Spaß macht.

Kinder rauben den Schlaf und die ausgeschlafene Lust – nach wochen- und monatelangem nächtlichem Gequäke entwickeln da manche Eltern Mordgelüste: «Mein erster Sohn», erzählt Helen, «schrie in den ersten Monaten jede, wirklich jede Nacht. Ich war fertig, nervös am Tag, schlaflos bei Nacht. ‹Ich werfe ihn aus dem Fenster›, brüllte ich meinen Mann an, der im Bett liegengeblieben war, während ich Teechen kochte. ‚Wie kannst du nur so grausam sein‘, sagte er, drehte sich um und schlief weiter, während ich wach neben ihm lag und mit den Zähnen knirschte. Komisch, in der Nacht hat mein Sohn nicht mehr geschrien.»

Hohläugige, erschöpfte Eltern halten sich am Frühstückstisch mühsam aufrecht. Frauen wüten über den Tiefschlaf ihrer Männer.

In seinem Roman «Paarungen» (Berlin 1992) beschreibt Peter Schneider die schlaflose Nacht eines Vaters: «Er hatte die Morgenstunden mit dem Kind wachend verbracht; mit einer Hand hatte es Eduards kleinen Finger umklammert gehalten. Die ganze Zeit hatte er in das Gesicht geschaut. Es erinnerte ihn an niemanden, den er kannte, allenfalls an einen alten Buddha, der zärtlich und grausam war, nur mit sich selbst beschäftigt, gleichgültig gegen die Menschen. Er hatte das Kind mit einer großen Neugierde betrachtet und deutlich gefühlt, etwas hatte jetzt angefangen. Am unbegreiflichsten war der energische, hartnäckige Atem, der den kleinen Körper vom Kopf bis zu den Zehen bewegt, er hörte sich an wie der Atem eines Erwachsenen.

Warum brachte er es nicht fertig, Klara dies alles zu erzählen? Die Schilderung seiner Vaterfreuden fiel jedenfalls deutlich abstrakter aus als die Darstellung der neuen Strapazen. Unter Erwachsenen kannst du fast jede Forderung aufschieben, absagen, notfalls kannst du dich krank melden. Mit so einem Baby läßt sich nicht argumentieren. Es ist ein Erdbeben, ein wunderbarer, aber auch ein verheerender Hurrikan, vor dem nicht genügend gewarnt wird, es läßt keinen Stein auf dem anderen. Sogar gewisse Redewendungen sind für mich unbrauchbar geworden. ‹Sanft wie ein Baby schlafen› – lächerlich, nur Kinderlose können so etwas sagen. Denn ein Baby, dafür bürge ich mit meinen Augenringen, schläft ja nicht sanft, es wacht alle paar Stunden auf, und wenn es schläft, dreht es sich dabei wie ein aufgezogener Kreisel.»

Kinder werden zuweilen auch krank. Obwohl Kinder meist robuste Naturen sind. Wenn es um ihre eigenen Vergnügungen geht, treiben sie sich bei scheußlichstem Wetter stundenlang draußen herum, ohne eine Erkältung zu kriegen. Sie verdrücken riesige Kuchenportionen, bei deren Anblick uns schon schlecht wird, ohne sich den Magen zu verrenken. Sie bleiben morgens gerne alleine mit mysteriösen Krankheiten im Bett, wenn sie so die Schule schwänzen können. Plötzlich und schwer und so, daß man sie auf gar keinen Fall allein lassen kann, auch wenn sie schon sechzehn sind, erkranken sie, wenn wir unseren spröden Liebhaber endlich so weit haben, daß er mit uns ein Wochenende verreist. Wenn man endlich, endlich allein sein will. Wenn die nette Frau aus der Kindergruppe dein Kind nimmt, wo es sich doch so gut mit ihren zweien verträgt. Dann kriegt das Kind Masern oder Keuchhusten oder eine andere schrecklich ansteckende Krankheit, und wenn Mutter und Kind dann aus wochenlanger Quarantäne auftauchen, hat sich der Liebhaber anderweitig umgeschaut.

Kinder werden krank, darin ähneln sie natürlich dem erwachsenen Menschen, genauso unvorhersagbar wie ein Erdbeben oder ein Gewitter. Aber sie werden eben bevorzugt krank, wenn wir es am allerwenigsten gebrauchen können. Kinder husten und rotzen ja auch gerne, um zu demonstrieren, daß sie ihre Symptome jederzeit abrufen können, um uns daran zu erinnern, wie schlecht es ihnen geht. So ein Würgkotzbollerhusten oder ein schleim- und schnupfensprühendes Kind ist dann sehr antörnend! Für den Rest des Abends schwirren dann die Viren oder Bakterien verhängnisvoll im Raum statt erotischer Vibrations.

Papas hypochondrischer Freundin zeigt das Kind stolz seine schönen pusteligen Windpocken oder eine angequollene Wunde, die es sich beim Sturz vom Fahrrad geholt hat.

Kinder lieben es, uns mit der eigenen Vergänglichkeit zu konfrontieren. Hämisch verraten sie unser Alter. Sobald es rechnen kann, hat das Kind herausgefunden: «Wenn ich zwanzig bin, dann bist du schon siebenundfünfzig Jahre alt. Dann bist du schon eine alte Oma.» Kinder machen alt. Wer eine achtzehnjährige Tochter hat, kann zwar wie fünfunddreißig aussehen, geht aber nicht mehr dafür durch.

Kinder stören den Rhythmus eines Erwachsenenlebens. Wir müssen zurück zu ihrem Rhythmus. Da muß man sich was einfallen lassen, um gegen diese Dominanz noch ein paar schöne Stunden abzutrotzen. Neben all den Regelmäßigkeiten wie Essen, Trinken, Hygienemaßnahmen, Streicheleinheiten, Schlafen und Wecken kommen noch all die kindlichen Überraschungen dazu. Will sagen, Kinder sind so wenig vorhersagbar wie das Wetter von übermorgen.

Sind wir doch im Beruf schon außenbestimmt, wenigstens im Privatleben wollen wir uns mal ein bißchen treiben lassen. Damit ist erst mal Schluß.

Mit ihren Bedürfnissen sabotieren Kinder jedes selbstbestimmte Timing von Erwachsenen: Den gemeinsamen Rhythmus der Liebe, die Stunden der Intimität, unbefangene Begegnungen und Zärtlichkeiten am Tage. Kinder reduzieren die Spielräume der Erwachsenen, die jeweiligen individuellen Freiräume empfindlich. Im Kinderland gehen die Uhren anders. Eigentlich gibt es gar keine Uhren.

Mama, Papa und
sonst gar nichts?

Ich habe Mädchen gekannt, die
vortrefflich zeichneten, aber sobald
sie Frauen und Mütter wurden, war
es aus; sie hatten mit den Kindern zu
tun und nahmen keinen Griffel mehr
in die Hand.

(F. W. Bernstein)

Es ist eine Binsenweisheit», sagt Anja, «banal, aber es ist wahnsinnig, wie dieser Alltag mit Kindern alles bestimmt. ‹Kannste dies, haste das, kann ich mal, krieg ich mal, darf ich?› Das ist das Belastendste, daß sie einen so in Beschlag nehmen mit ihrer Bedürftigkeit. Es ist gar nicht mal die Hausarbeit, die belastet mich weniger. Dann ist die Hülle von der Blockflöte weg, der Ball nicht aufgepumpt, die neuen Socken aus der Zeitschrift Soundso müssen jetzt angeschafft werden. Die gibt's aber nur in dem Geschäft am anderen Ende der Stadt. Da denke ich manchmal, ich werde verrückt.»

«Hinzu kommen noch die Wünsche nach Nähe und emotionaler Zuwendung», ergänze ich.

«Damit bin ich eigentlich immer gut klargekommen, das finde ich klasse.»

«Was gefällt dir daran?»

«Ich finde meine Kinder einfach nett. Das sind zwei witzige Personen. Wenn ich mir einen Urlaub aussuchen könnte, mit einer langweiligen Freundin oder einem langweiligen Freund oder diesen schrulligen Kindern, dann würde ich mit diesen schrulligen Kindern fahren. Das finde ich prima. Dann finde ich aber wieder überhaupt nicht prima, wenn die einen nicht mal eine Minute in die Luft gucken lassen, sondern daß man ohne Ende das ewige Limo-Gummibärchen-Programm starten muß.»

«Du könntest dich ja auch mehr abgrenzen.»

«Ich finde das Abgrenzen wahnsinnig schwer, vor allem, wenn die noch klein sind: Das ist auch die größte Belastung in einer Zweierbeziehung, weil ich immer denke, daß einer sich immer besser abgrenzen kann als der andere, und ich konnte das extrem schlecht. Ich war immer die, die morgens um vier die Milchflasche gemacht hat. Ich fand dann erleichternd, aber auch konfliktträchtig, wenn jemand mich mal drauf hingewiesen hat: Jetzt läßt du dich aber ganz schön einlullen von deinen Kindern.»

«Man könnte das aber auch mit dem Partner aushandeln.» Und während ich das sage, erinnere ich mich daran, daß mir das auch sehr selten gelungen ist, als mein Sohn klein war. Meist war ich es, die sich nächtens zu Fläschchen, Tee oder Tröstungen aufgerafft hat.

«Ich glaube, das hat ganz viel mit einem selber zu tun», meint Anja. «Ich lasse mich ja auch sonst oft gehen. Ich rauche, wenn ich eigentlich nicht rauchen will, ich esse auch noch ein Stück Kuchen, obwohl ich keinen Hunger habe, mir fällt es schwer, meinem Sohn nein zu sagen, wenn er um fünf beim Einkaufen sagt, er hätte gerne irgendwelche Butterwaffeln. Da sollte ich sagen: Um fünf gibt's keine Butterwaffeln, weil um sechs gegessen wird. Nein, ich hab ihm Butterwaffeln gekauft. Ich finde, daß Kinder einen dermaßen ausbeuten! Da muß man sehr klar sein, um sich abzugrenzen, ohne dabei hart zu werden. Das finde ich sehr schwer, vielleicht fällt das anderen leichter.»

«Vielleicht ist es nicht nur eine Belastung, vielleicht bekommst du etwas zurück?»

«Kurzfristig ja. Das ist wie mit dem Rauchen. Du kriegst einen kleinen Flash, und hinterher denkst du: O Mann, schon wieder eine Zigarette! Und so geht das mit dem Kind auch: Zuerst heißt es: Hm, leckere Butterkekse! Und wenn ich an der Kasse bezahlt habe, ist er schon sauer auf mich, daß ich ihm nicht zwei Pakete Butterkekse gekauft habe und noch Cola. Oder wenn ich ihm durchgehen lasse, einen Film zu sehen, dann ist er schon sauer, daß er nicht zwei sehen durfte. Kinder sind maßlos.»

«Hast du manchmal nicht auch das Gefühl, daß Kinder auch deshalb immer weiter gehen, weil sie insgeheim Grenzen haben wollen, und dann dankbar sind, wenn man endlich sagt: So, bis hier und nicht weiter?»

«Ja, aber wenn ich ehrlich bin, merke ich, daß das oft mit meiner eigenen Bequemlichkeit kollidiert. Wenn ich ganz guter Dinge bin und klar im Kopf und ausgeglichen, nicht zuviel gearbeitet habe oder abgelenkt bin, dann kriege ich das prima hin. Wenn ich aber denke: Mensch, jetzt würde ich gerne telefonieren! Und der fragt mich in dem Moment: ‹Darf ich noch mal ‚Unser trautes Heim' gucken?› Dann denke ich: Na, das bietet sich doch prima an. Und dann verdränge ich, daß er vorher schon Cosbys ‹Familienbande› geguckt hat. Wenn ich dem Butterkekse kaufe, dann habe ich einfach meine Ruhe.»

«Du hast nicht das Gefühl, daß bei euch ein Ungleichgewicht entstanden ist, daß die Familiensituation so dominant ist, daß die Zweisamkeit zu kurz kommt?»

«Ich fand das eine Zeitlang. Jetzt nicht mehr.»

«Was hast du am meisten vermißt?»

«Ich habe am meisten die Zeit vermißt, in der man so abhängen kann. Wo man einfach mal guckt, nicht weiß, was passiert, sondern einfach guckt, was sein könnte, in die Stadt gehen, ins Café oder ins Bett, einfach so ein Leerlauf. Sexualität war auch schwieriger. Als die klein waren, sind die halt jede Nacht gekommen. Einfach jede Nacht, fünf Jahre lang, da warst du ständig unausgeschlafen.»

Kinder sind wie kleine Vampire; sie saugen uns aus und machen uns süchtig danach. Und gleichzeitig sehnen wir uns danach, ohne sie zu sein, frei, unabhängig, ohne die Präsenz der kleinen Quälgeister in der Realität und in unseren Köpfen.

Aber nicht nur das äußere Leben hat sich nach den kindlichen Bedürfnissen zu richten. Peter Handke in seiner «Kindergeschichte» (Frankfurt 1981): Auch «der Gang der inneren Ereignisse – der freie Ablauf der Tagträume ist endgültig gestört: durch jenen Ernstfall, den er doch vorher im faulen Frieden, immer wieder als den Anstoß zu einem endlich ganz geistesgegenwärtigen, endlich ganz wachen, dem gehörigen Leben gedacht hat.»

Es fehlen diese Inseln in der Zeit, Inseln für die Liebe, für das Entstehen von Lust und Begehren. Auf einmal sind Tag und Nacht besetztes Gebiet. Kein Raum und keine Zeit für offene Situationen, wo eine neue Aufmerksamkeit entstehen kann.

Judith ist nach der Geburt ihrer Tochter in die klassische Situation geraten: Mutter mit Kind zu Hause, Vater arbeitet und läßt sich versorgen, was er allerdings auch vorher schon gerne zuließ.

«Statt einem Kind habe ich zwei. Es ist einfach die doppelte Arbeit. Von Zuwendung, von Haushalt, einkaufen und was man als Frau und Mutter eben so tut, was man an sich reißt. Mit dem Kochen angefangen. Hier bei mir ist es immer gemütlich, warm und sauber. Das hat er sich ausgesucht, er kennt das von seiner Mutter.» Judith klingt ein wenig bitter.

«Hört sich an, als fühltest du dich funktionalisiert.»

«Nun gut», räumt Judith ein, «ich weiß auch, daß das meine Stärken sind. Ich bin eben eher sozial und häuslich.»

«Und wie fühlst du dich denn in dieser versorgenden Rolle?»

«Ich komme zu kurz», antwortet Judith sofort. «Mir fehlt meine Arbeit. Ich bekomme zu wenig Bestätigung. Gerade bei einem Kleinkind kommt wenig zurück, ein Mann, der nur arbeitet, was bleibt da groß übrig, man müßte sich das woanders holen. Ein Kind verschiebt die Proportionen, zum Beispiel im Sexualleben. Als Mensch und als Frau kommst du zu kurz.»

Ich weiß noch, wie schwer es mir fiel, damals in unserer Familiensituation herauszufinden, was ich für meinen Mann bedeutete; obwohl ich arbeitete und nicht ganz an Haus und Kind gebunden war. Aber was war ich unabhängig davon, daß ich Mutter unseres Kindes war? Ich gewann lange Zeit einfach kein Bild davon, was ich allein für ihn war, als Frau. Sozusagen exklusiv.

Von einem eigenen Selbstbild ganz zu schweigen. Welch hohes Maß an Selbstbewußtsein setzt es voraus, sich von der Mutterfunktion abgegrenzt zu definieren, sich nicht im Schattendasein dieser Rolle zu verlieren.

«Der Mann», schreibt Christiane Olivier, «durchläuft die Vater-

schaft nur, die Frau bleibt in der Mutterschaft stecken. Sie wird gesell-
schaftlich in dem eingemauert, was einmal als Wunsch begonnen
hatte, während der Mann unbehelligt bleibt. Die Mutterschaft wird so
zu einer gesellschaftlichen Entscheidung, die die Frau verschwinden
läßt, während gleichzeitig mit ihrem Kind die Mutter geboren wird.»

Ganz düster wird es, wenn bei einem der Partner die Lust auf die Lust
dann ganz schwindet, etwas, was meist die Frauen trifft. Mutterschaft
scheint sich mit Erotik nur schwer zu vertragen. Da helfen dann keine
Komplimente, keine Geschenke, keine erotischen Inszenierungen…
dann gibt es nirgendwo mehr ein Arkadien für die Liebe.

Charles erzählt von einer Erfahrung am Anfang seiner Ehe, als die
beiden Kinder noch klein waren: «Wir machten Urlaub in der Kari-
bik. Ich war total angetörnt von diesen Traumkonditionen für karibi-
sche Liebesnächte, Mondschein, Reggae am Swimmingpool, Meer
und Palmen am weißen Strand. Aber Chris wollte in der Nähe der
Kinder nicht Liebe machen. Unsere Kinder schliefen mit in dieser
Bambushütte. Ich war einfach geil, ich kam mehr und mehr in die
Situation eines geilen Bocks, der unbedingt Liebe machen muß. Das
führte dann dazu, daß ich gegen Ende von vierzehn Tagen zu einer
Prostituierten ging. Ich habe sie im voraus bezahlt, und plötzlich
machte es klick: Ich denke an Frau und Kinder und die Schwieger-
mama, die auch mit war. Ich hielt mich für den allerletzten Typen.
Einen Zentimeter vorm Liebemachen, buchstäblich, habe ich abge-
bogen. Die Prostituierte war so sauer, daß sie mir das Geld zurückge-
ben wollte.»

Ich frage nach: «Hätte die Schwiegermutter eure Kinder nicht mal
für ein paar Stunden beaufsichtigen können, und du und deine Frau,
ihr hättet dann Zeit füreinander gehabt?»

Darauf seien sie nicht gekommen, meint Charles nachdenklich.
Und, so höre ich heraus, die Schwiegermutter fand solch elterlichen
Triebverzicht wohl völlig in Ordnung. Sonst wäre sie ja vielleicht von
selber darauf gekommen, Tochter und Schwiegersohn ein paar
schöne Stunden zu gönnen.

«Hat es denn überhaupt mal eine Situation gegeben, wo ihr die

Kinder zur Oma oder zu Freunden geschickt und gesagt habt, jetzt haben wir Zeit nur für uns, Zeit für die Liebe und all das, was wir machen wollen, und so, wie wir es machen wollen?»

«Das war immer mein Wunsch», sagt Charles, «ich kannte das von meinen Eltern, die haben uns drei Kinder für zwei, drei Wochen zu den Großeltern oder Tanten geschickt. Nein, in meiner Ehe ging das nicht. Meine Frau wollte die Kinder nicht zu ihrer Mutter geben, die sehr dominant und belehrend ist. Nein, diese Pausen haben wir nicht gehabt. Nein, auch nicht zu Freunden, das haben wir nicht gebracht. Die Kinder schienen so mit uns verbunden, daß wir sie immer mitgenommen haben. Wir sagen ihnen das auch, wenn sie sich heute manchmal beklagen, was für eine schreckliche Kindheit sie hatten. Dann versuchen wir die Pluspunkte aufzuzeigen, wie wir ständig versucht haben, ihnen ein Programm zu bieten.»

«Vielleicht wollen Kinder auch mal sehen, daß Eltern eigene Bedürfnisse haben und die auch leben. Vielleicht ist das für Kinder zuweilen entlastend. Vielleicht wollen die gar nicht immer ein Programm?»

«Das war eben auch einer der Streitpunkte zwischen uns.»

«Diese ständige Familiensituation, die hast du dann gewollt?»

«Ja. Später zog ich diesen Fünferbund vor. Es ist halt so, ich finde das Leben mit Chris sehr anstrengend, immer so auf einer problematischen Ebene. Wahrscheinlich wollte ich nicht mit ihr alleine sein. Die Kinder haben mir mehr Spaß gemacht. Ich habe mit ihnen die Spaziergänge gemacht, Lämmer aus dem Bach gerettet, und wir sind Gummiboot zusammen gefahren. Chris ist nicht dafür geschaffen, spielerisch zu sein, sie ist eine Pädagogin – sie hatte immer ein Programm, ich weiß auch nicht, was es war, nein, für uns alleine haben wir nie was gemacht.»

Nie allein zu zweit ist die Absage an die Exklusivität einer Liebe oder Ehe. Das ist eine schwere Belastung. Selbst das zeitweilige ziemlich ausschließliche Papa-Mama-Dasein hat Konsequenzen, und die sind meist der Liebe nicht sehr förderlich. Die Liebe zu den Kindern nimmt überhand. Sie werden der Maßstab. In unendlichen Rücksichtnahmen werden alle eigenen Bedürfnisse zurückgestellt, aus Sorge, den Kindern könnte etwas schaden.

Solche Eltern neigen dazu, ihre Freunde und ihre Interessen zu vernachlässigen, um jederzeit für das Kind dasein zu können. Das Kinderprogramm wird eine einzige Aufopferung.

Solche Eltern meinen, sie seien großzügig, weil sie doch so viel geben, bis sie innerlich leer und erschöpft sind. Tatsächlich machen sie eine Rechnung auf, und die sollen am Ende die Kinder begleichen: mit Dankbarkeit.

Nur: Wenn die Eltern auf Sexualität verzichten, die Mutter auf ihren Beruf, der Vater auf seine Hobbys, macht das die Kinder nicht unbedingt glücklicher. Sicher werden sie sich geliebt fühlen, aber auch gespickt sein mit Angst, Schuld- und Abhängigkeitsgefühlen. Und sie spüren vielleicht auch, daß diese elterliche Hingabe nicht ganz so uneigennützig ist. Schließlich hat die Kindersorge auch eine entlastende Funktion für die elterliche Beziehung: Sie lenkt ab von Spannungen und schützt vor zu großer Nähe; unterschiedliche sexuelle Wünsche können mit Rücksicht auf die Kinder nicht gelebt werden. Man benutzt die Kinder als Ausrede oder Vorwand für all das, was man mit dem Partner aushandeln müßte. Ja, man kann ausgezeichnet seine eigenen Gefühle verstecken, bis man sie gar nicht mehr wahrnimmt. Statt sich um den Zustand der erwachsenen Liebesbeziehung zu kümmern, rückt man ab ins Kinderreich – als ganze Mama oder ganzer Papa. Zeitweilige Einschränkungen beziehungsweise zeitweiliger Ausstieg aus dem Paardasein mag ja nicht schaden, was aber passiert, wenn das Liebespaar zum reinen Elternpaar mutiert?

Bettina, die – abgeschreckt durchs elterliche Beispiel – eigentlich nie heiraten wollte, tat dies dann doch zweimal. Mit neunzehn, weil sie ein Kind bekam. Eine Ehe, die kaum zwei Jahre hielt. Und nicht der Rede wert, sagt Bettina. Ein paar Jahre später lernte sie Gregor kennen. Sie verstehen sich gut, sie heiraten, Bettina will ein Kind mit Gregor.

«Dieses Kind hat Gregor am Anfang überhaupt nicht gewollt», erzählt Bettina. «Er hat sich auch sehr gewehrt, hat aber gemerkt, er kann sich gar nicht durchsetzen. Wenn ich das will, dann muß ich das jetzt kriegen. Wir haben am Anfang viel darüber geredet. Als einmal die Entscheidung gefallen war, wir kriegen jetzt das Kind, da war es auch in Ordnung. Er war ein bezaubernder Vater.»

Dennoch hat sich die Beziehung dramatisch verändert. «Unsere Sexualität war weg», sagt Bettina. «Gregor konnte nicht mehr mit mir schlafen. Wir haben oft darüber gesprochen, aber es half nichts. Gregor sagte, das komme vielleicht wieder, doch jetzt geht es nicht. Ich kann einfach nicht.»

Er war bei der Geburt dabei, und die war sehr schwierig, eine Bekkenquerlage, hat Stunden gedauert, und alles ging gerade noch in letzter Minute ohne Eingriff. Anfangs habe ich gedacht, der faßt mich nicht mehr an, weil ich in der Schwangerschaft so fett geworden bin, und dann habe ich innerhalb von wenigen Wochen fünfundzwanzig Kilogramm abgehungert. Ich wollte wieder attraktiv für ihn sein. Aber das war es gar nicht. Er fand das gar nicht gut: Man kann dich gar nicht mehr anfassen, du bist nur noch Haut und Knochen. Wie das dann so ist. Dann streitest du dich über alles und nichts, und irgendwie hängt der ganze Haussegen schief. Ich hab mich immer miserabler gefühlt. Mein Selbstwertgefühl war absolut im Keller. Ich habe mich überhaupt nicht mehr geliebt gefühlt.

Es war eine Barriere zwischen uns, ganz deutlich. Ich war die Mutter seines Kindes und konnte nicht gleichzeitig seine Geliebte sein. Er ist auch nicht fremdgegangen, aber ich.

Der Punkt war, daß er nicht über die Gründe reden wollte. Und als ich davon anfing, wir sollten doch vielleicht mal eine Paartherapie machen, da hat er gesagt: «Das kannst du ja machen. Ich brauche so was nicht.» Ich glaube auch, daß er sich tatsächlich wohl gefühlt hat. Ich hatte nicht das Gefühl, daß ihm was abging. Das Thema Sexualität war abgeschlossen, Funktion erfüllt, kann man ad acta legen. Unsere Liebesbeziehung war, was die Sexualität anbelangt, mit der Geburt des Kindes zu Ende. Während die Beziehung an sich überhaupt nicht zu Ende war. Wir haben sonst immer noch sehr viel miteinander zu tun gehabt. Auch als ich mich dann von ihm getrennt habe, habe ich mir immer und immer wieder klarmachen müssen, daß ich es nicht mehr aushalten kann. Was mir dann wirklich gefehlt hat, waren die Gespräche...

Ich habe mein Sexualleben nach außen verlagert, wenn sich die Gelegenheit ergab. Schuldgefühle hatte ich nicht. Ich hab ihm auch immer davon erzählt. Er hat dann gesagt: Ja, das ist mir zwar nicht egal, aber ich kann das nicht ändern, du gehörst mir ja nicht. Es tut mir weh, verletzt mich, aber ich kann das auch verstehen, das muß ich aushalten. Aber ich muß auch ehrlich sagen: Je weniger er sich wirklich um mich bemühte, um so weniger sexuell attraktiv fand ich ihn. Obwohl ich anfangs noch sehr aktiv war. Aber wenn du es immer wieder versuchst und dir immer einen Korb holst, dann wird auch das Versuchen von Mal zu Mal schwieriger. Das wird dann zu einer immer größeren Überwindung. Am Anfang steckst du es weg, aber je öfter dir jemand nein sagt, um so weniger schaffst du es auch, noch mal anzufragen.

Warum ich das trotzdem so lange ausgehalten habe? Ich habe ihn geliebt. Ich konnte mir einfach nicht vorstellen, Gregor zu verlassen, bloß weil er nicht mehr mit mir schläft. Aber dann kam noch was anderes hinzu... Er war ein Übervater. Er hat sich sehr viel Zeit genommen für das Kind, viel gespielt, viel mit dem Kind gemacht, ich konnte abends jederzeit weggehen, ins Kino, Freunde treffen. Gregor hat sich immer verantwortlich gefühlt für alles, und dann haben wir eine Kindergruppe eingerichtet. Auch so eine Sache, die wir zusammen gemacht haben. Es gab viele gemeinsame Anknüpfungspunkte in unserer Geschichte. In unserer Beziehung war viel, was über Sexualität hinausging, deshalb fiel mir das auch so schwer... Ich habe immer gehofft, daß das wieder in Ordnung kommt. Ich habe mich getrennt, als das Kind dreieinhalb war, und in diesen Jahren haben wir vielleicht achtmal miteinander geschlafen.

Was war ich eifersüchtig auf meinen Sohn. Ich habe mitgekriegt, daß er zu dem unerhört zärtlich und zart sein konnte. Ich habe dann gedacht: Meine Güte, das packt der alles in das Kind, dabei gehört das mir. Ich habe manchmal richtige Wut gehabt. Abends, wenn das Kind noch wach war, dann saß das bei ihm auf dem Schoß, und er schmuste und schäkerte mit ihm, und ich saß daneben, guckte zu und dachte: Jetzt kriegt das alles das Kind, für mich ist nichts mehr übrig. Das habe ich oft gespürt.»

Klage einer Mutter: «Mein Geschlechtsleben ist vorbei. Ich habe keine Energie zum Masturbieren. Wenn ich meine nächtliche Schlaflosigkeit oder Langeweile mit einem Vibrator vertreiben möchte, bringt mein Orgasmus kein Vergnügen. Habe ich solche Angst davor, wieder schwanger zu werden?

Habe ich kein Interesse an Orgasmen, die nicht zur Schwangerschaft führen?

Hat der Dammschnitt meine sexuelle Erregbarkeit getötet?

Hat das Gebären meinen Körper zum Verstummen gebracht?

Bin ich einfach nur zu müde? Bin ich zu ärgerlich – über alles, um mir selbst diese winzige Entspannung zu gönnen? Sex reicht zur Entspannung nicht aus. Ich brauche Zeit. Einsamkeit. Mein eigenes Zimmer. Finanzielle Sicherheit. Wo ist meine mediterrane Lust geblieben? Wird sie nur wiederkommen, wenn ich noch einmal schwanger werde? Wie viele andere junge Mütter haben keine sexuellen Bedürfnisse mehr? Bin ich die einzige?» fragt Phyllis Chesler in «Mutter werden» (Reinbek 1980).

«Hans und ich kamen gut miteinander aus, bevor die Kinder geboren waren. Vor ungefähr zwölf Jahren.»

Katrin ist eine große, lebhafte Brünette, gar kein Muttertyp auf den ersten Blick. Sie ist sechsunddreißig Jahre und lebt mit ihren beiden Kindern in einem schönen Reihenhaus.

«Wir wollten die Kinder», sagt Katrin, «das war nicht der Punkt, aber wir waren beide nicht darauf vorbereitet, wie sehr sie unser Leben verändern würden. Eigentlich wollten wir nur ein Kind haben. Aber dann wurde ich wieder schwanger. Wir experimentierten damals mit verschiedenen Verhütungsformen, nach dem Motto, je natürlicher, desto besser. War ein gründlicher Reinfall, erst mal diese Umständlichkeit und dann, na ja, ich wollte auch keine Abtreibung, nicht aus moralischen Gründen. Ich hatte einfach Angst davor. Plötzlich waren wir zu viert, und das Leben sollte trotzdem so weitergehen wie bisher. Ich wollte weiterhin an der Hochschule arbeiten, und Hans wollte seinen Doktor machen.

Mit der Zeit fehlte mir einfach die Energie für zwei Kinder, Beruf und Mann. Es war dann mein Mann, der auf der Strecke blieb. Es war ein schleichender Prozeß: Ich hörte auf, mich besonders für ihn zu interessieren, als Mann, als Liebhaber. Ich begehrte ihn nicht mehr. Ich verhielt mich nicht mehr wie eine Ehefrau, eine Geliebte, ich war entweder müde, desinteressiert oder abgelenkt. In meine Kinder war ich zu der Zeit richtig verliebt. Ich war sehr gerne mit ihnen zusammen. Ich habe es sehr genossen, wie sie heranwuchsen, lernten, unabhängig wurden, die Welt auf ihre Art erkundeten. Ich glaube nicht, daß ich eine klammernde Mutter war oder eine Glucke. Dafür hatte ich viel zu viele andere Interessen, zu viel Arbeit. Aber alle meine Zärtlichkeitsbedürfnisse wurden durch die Kinder befriedigt. Ich habe einfach versucht, viel Zeit so intensiv wie möglich mit ihnen zu verbringen.

Abends genügten mir meine Arbeit, meine Studien, Gespräche, auch mit meinem Mann. Ich habe einfach nichts vermißt. Damals nicht. Hans wollte Sex, und mir reichten Gespräche, eine zärtliche Umarmung, bevor wir in unsere Zimmer verschwanden. Seit der Geburt der Jüngsten hatten wir getrennte Schlafzimmer. Schliefen wir zusammen, was wirklich äußerst selten vorkam, dann muß das für ihn sehr enttäuschend gewesen sein. Ich war einfach nicht sonderlich interessiert und habe mich dementsprechend passiv verhalten.

Irgendwann hat er dann eine Affäre mit einer Kollegin begonnen. Anfangs sehr diskret, dann hatten wir eine Aussprache. Er hatte Angst, ich würde ihm eine Szene machen, aber ich war zu meinem Erstaunen richtig froh, daß er diese Geschichte angefangen hat. Ich war nicht die Spur eifersüchtig, eher erleichtert.

Hätte mir das jemand vor den Kindern prophezeit, ich hätte laut gelacht: Ich, diese sexuell aktive Frau, ohne Sex, sogar ohne Lust auf Sex? Ich hätte laut gelacht. Aber bis vor kurzem habe ich genau so gelebt: ohne Sex, mit seltenen Ausnahmen bei kurzen Affären, mit meinen beiden Kindern und meinem Beruf. Hans habe ich verloren. Heute sehe ich das mit Bedauern, denn er war ein guter Mann, ein zuverlässiger Freund, ein guter Liebhaber und bis heute ein fürsorglicher Vater. Unsere Liebe haben wir nicht retten können. Es hat an mir gelegen. Ich habe mich nicht bemüht. Ich habe alle Gespräche darüber gemieden, warum dies alles so geworden ist. Obwohl ich die Zeit mit den Kindern nicht bereue, diesen Verlust bedauere ich. Vielleicht war ich damals zu jung, überfordert, emotional an der Grenze dessen, was ich geben konnte. Ich weiß es nicht. Ich weiß nur, daß ich heute, wo ich es möchte, große Probleme habe, einen Mann in mein Leben zu lassen. Ich fange erst jetzt an, darüber nachzudenken, warum ich zu dieser Mutterperson geworden bin.»

Das ist das Ende der Liebe: Wenn das Spiel von Begehren und Verführen und Hingabe abgeschafft ist. Kein Ort mehr für die intime und umfassende Begegnung von Frau und Mann jenseits der Elternschaft. Kein Interesse daran, sich erotische Signale zuzusenden. Statt dessen nehmen Papi und Mami jeden Abend auf dem gleichen Sofa Platz und versinken im Geplapper über Sonderangebote, herzige Kindersprüche, kleine Haushaltskatastrophen und mickrigen Büroklatsch. Oder sie bringen was aus dem unerschöpflichen Vorrat ihrer Meinungsverschiedenheiten auf den Tisch, was sie zumindest im Streit noch eint. Wenn sie nicht vorziehen, ganz zu schweigen, und sich Intimität nur noch in der gemeinsamen Benutzung des Badezimmers ausdrückt. Dann geht der Tag, und die Kinder schlafen, und damit ist meist auch der letzte Rest Leben aus der Bude.

«Wenn ich ein Kind hätte, würde ich jetzt mit ihm spielen und mich darin verlieben, es küssen und zum Lachen bringen. Und ich würde mich von dem Kind gegen meine tiefsten Gefühle beschützen lassen.»

So notiert Katherine Mansfield ihre Empfindungen in ihrem «Tagebuch» (Stuttgart 1977): «Ich glaube, daß dies für alle Frauen zutrifft. Und es erklärt den merkwürdigen Ausdruck der Sicherheit bei jungen Müttern: Sie sind gefeit gegen jeden äußersten Gefühlszustand durch das Kind in ihren Armen. Und es erklärt auch die Frauen, die ihre Männer ‹Kinder› nennen. Solche Frauen fressen und pfropfen sich voll mit ihren Männern bis zu einem Zustand völliger Herzlosigkeit. Beobachte einmal das heimliche zufriedene Lächeln von Frauen, die sagen: ‹Männer sind nichts als Kinder.›»

Die Frau, die ihren Mann wie ein zurückgebliebenes Kind behandelt, der Mann, der seine Frau «Mutti» nennt, man hält das kaum noch für witzetauglich, aber so etwas gibt es selbst heute noch unter jungen Paaren. Unter dieser symbiotischen Käseglocke ersticken die letzten erotischen Regungen, da entsteht kein Zauber mehr, kein Geheimnis, keine Attraktion, was Anziehung heißt und nur stattfinden kann, wenn es vorher eine Distanz gab.

Und das gibt dann dem Liebesleben soviel Schwung wie eine Valium zum Frühstück.

Liebe lieber kinderlos

Der kann kein schlechter Mensch sein,
der Kinder und Hunde nicht leiden kann.

(Aus der Welt der Kinderhasser)

Renate und Till leben seit vierzehn Jahren zusammen. Renate ist Künstlerin und Till Unternehmensberater mit diversen anderen beruflichen Aktivitäten.

«Ich habe Angst vor Frauen, die nicht arbeiten. Damit kann ich nichts anfangen», sagt Till.

«Schon immer? Oder hat sich das erst herausgebildet?» frage ich.

«Schon früh. In meiner Familie haben alle Frauen gearbeitet. Ich kenne dieses Arrangement, Mutter voll berufstätig, Kindermädchen bis zum Kindergarten, bis zur Schule. Das ist mir geläufig. Dadurch war meine Wahrnehmung instinktiv darauf gerichtet. Wenn ich dann später bei Studienkolleginnen merkte, die hatten eigentlich nicht vor, in den Beruf zu gehen, dann überfiel mich Existenzangst, die sofort eine instinktive Fluchtbewegung bei mir auslöste.»

«Es macht eine Frau für dich also attraktiv, wenn sie ihr Selbstbewußtsein aus ihrer Arbeit zieht?»

«Das ist nach wie vor für mich eine Verständigungsgrundlage. Ich werde dann mundtot, wenn ich mit Frauen zu tun habe, die eine ganz andere Existenz führen. Da muß ich mich so lange eindenken, was die überhaupt machen. Ich stelle mir vor, die sitzen starr auf einem Stuhl, das tun die natürlich überhaupt nicht. Die leben vollkommen anders, können das auch zum Teil genießen. Aber ich käme mir wie ein Sklavenhalter vor. Ich kenne das absolut nicht. Deshalb ist das für mich eine Frauenwelt, die mir verschlossen ist.»

«Das hat dann auch mit dieser Frage, Kind ja oder nein, zu tun?»

«Das wären ja die Frauen, die dafür viel eher in Frage kämen.»

«Dieses Gefühl, vereinnahmt zu werden von einer Hausfrau und Mutter...»

«Bei Frauen, die so fest im Sinn haben, Studium, dann Familiengründung, bis dreißig das Kind, dann durchzuckt mich Angst. Das müssen die mir erst mal erklären, wie das gehen soll. Ich bin bis heute nicht überzeugt, daß die eine Erklärung haben, die mir die Angst nehmen könnte. Insofern habe ich mich damit abgefunden, daß ich auf die andere Gruppierung von Frauen gucke, die, die keine Kinder bräuchten.»

Tills erste Ehe war bewußt kinderlos. Weil er und seine Frau Kinder als Behinderung ihrer Berufs- und Beziehungswünsche sahen: «Ich weiß nicht; heute würde ich Kinder nicht mehr als wirkliche Behinderung sehen», sagt Till. «Sie sind ein zusätzliches Gewicht, das mitgeschleppt werden muß oder kann. Aber es ist so gewesen, daß wir dieses dritte Gewicht als zuviel, als zu behindernd empfunden haben.»

«Ist in deiner Liebesbeziehung mit Renate das Zusätzliche eher die Arbeit?»

«Mehr», antwortet Till. «Nicht nur die Arbeit, sondern ein Maßstab, ob die Beziehung hält oder weitergeht. In meiner Vorstellung setze ich das fast gleich: Da gibt es die Beziehung zu der Frau, und da gibt es die Beziehung zu dem, was ich beruflich mache. Ungern würde ich irgend etwas davon aufgeben. Es handelt sich um ein gleichgewichtiges Feld. Würde meine Liebste von mir verlangen, morgen machst du die und die Sachen nicht mehr, damit wir mehr Privatzeit haben, dann würde ich in eine Krise geraten. Ich könnte gar nicht ohne weiteres auf die eine oder andere Tätigkeit verzichten, um mehr Zeit für Zweisamkeit zu haben. Dann käme ich mir amputiert und verarmt vor, könnte mich ihr gegenüber nicht mehr als derjenige sehen und empfinden, der ich jetzt bin. Deshalb ist das auch ein Maßstab für mich, um eine Beziehung zu halten. Das ist schon sehr mächtig. Ich habe zwar Zukunftsphantasien, an den Grenzen so einiges aufzugeben und wegzuschneiden, das hat aber Gründe in den Bereichen, in denen ich arbeite.»

«Wieviel Zeit ist Arbeitszeit, wieviel Zeit verbringt ihr zusammen als Paar?»

«Ich habe keine Schuldgefühle, weil Renate selber auch soviel arbeitet. Das wäre ganz schlimm, wenn sie um fünf Uhr zu Hause wäre und auf mich lauern würde. Es sieht so aus, an drei Tagen in der Woche fange ich um acht an, und an den Tagen bin ich um zehn, halb elf durch. An den beiden anderen Tagen fange ich so um halb neun, neun an und bin, je nachdem, welche Termine da gerade sind, um eins durch, nachts, oder zwischen elf, zwölf, eins. Gut die Hälfte aller Wochenenden sind durch die verschiedenen Tätigkeiten weg. Egal, wie wir ansonsten beide in der Zeitmühle drinstecken, wichtig ist am Samstagvormittag das Einkaufen zusammen. Wenn das nicht stattfindet, fühlen wir uns beraubt. Wenn das nicht stattfindet, ist ein Schaden eingetreten.»

«Hast du das Gefühl, daß dadurch, daß ihr in relativ langen Phasen wenig Zeit füreinander habt, fast gar keine, ihr so einer Alltagsroutine vorbeugt, eure Beziehung spannender macht, oder nimmt das der Beziehung was?»

«Ich kann mir überhaupt keinen Arbeitsrhythmus vorstellen von morgens halb acht bis nachmittags um fünf, dann hat man den Abend frei, die Wochenenden frei. Das macht mir angst. Diese Art von Existenz könnte ich überhaupt nicht führen. Auch in den Zeiten als Angestellter konnte ich das nicht. Ich hätte mir das so einrichten können. Das wäre damals überhaupt kein Problem gewesen. Doch da habe ich auf die normalen Arbeitszeiten Tätigkeiten wie VHS, Uni, Fachhochschule draufgepackt, Lehrtätigkeiten. Ich betrachte das heute als Luxus und hoffe immer, daß es für meine Liebste genauso ist. Natürlich stellt es auch eine Gefahr dar, wenn man sich sowenig sieht. Doch eigentlich glaube ich, daß wir beide uns das zumuten und auch leisten können, die Ferienzeiten als Privatzeiten zu sehen, und danach bricht wieder so ein Damm.»

«Ist das eine Entwicklung gewesen, die ihr gemeinsam genommen habt, oder war das ein Einverständnis, das von Anfang an da war?»

«Es ist mehr geworden, mehr an Arbeitszeit. Das wäre eine Zeitlang nicht so schlimm gewesen, aber ich sehe die Dinge, die ich mache, aneinanderhängen wie Kaugummi. Eines hat sich aus dem anderen entwickelt. Es käme mir jetzt sehr künstlich vor, da was abzuhakken. Das würde mir in meiner jetzigen Situation fehlen. Wenn ich mich zurückerinnere, dann war früher abends neun, halb zehn Schluß mit der Arbeit. Wir hatten die Abende, sind ausgegangen, haben mehr zusammen geredet, haben mehr zusammen gemacht, gemalt. Einiges davon ist schon weggefallen, so daß Renate das zum Anlaß genommen hat, auch länger zu arbeiten. Eine zwiespältige Geschichte.»

«Dennoch hört sich das insgesamt ideal an. Gibt's keine Konflikte?»

«Ich habe nicht den Eindruck, immer wieder mal so ein Rucken, ob das wohl gutgeht. Ob man das so machen kann, ob da nicht Sehnsüchte entstehen und Renate sich einen nimmt, der nachmittags um fünf Uhr Schluß macht.»

«Sexualität, Erotik, das braucht ja auch Zeit. Das ist doch schwer unterzukriegen, das sind doch mehr als sechzehn Stunden Arbeit, und dann muß man ja auch mal schlafen. Entsteht da kein Defizit?»

«Für mich ist es kein Defizit. Ich weiß natürlich nicht, wie Renate das empfindet. Ich sehe Sexualität nicht an eine bestimmte Uhrzeit gebunden.»

«Ja, aber eine gewisse Zeitspanne ist doch notwendig.»

«Wollen wir die Zeit in den Computer eingeben und gucken, was übrigbleibt?» schlägt Till vor. «Wenn man genau hinguckt, bleiben ja doch ein paar Stunden in der Nacht übrig, und an den Wochenenden bleibt Zeit, und dann gibt es ja die Ferienzeit, zwar keine regelmäßige Sexualität nach der Uhr. Ich gerate immer was ins Träumen, wenn ich Leute sagen höre: Ja, Koitus jeden Tag. Ich halte das für einen sportlichen Ehrgeiz.»

«Das heißt aber auch, daß ihr in dieser Zeit Wert auf Zusammensein legt.»

«Wir telefonieren häufig tagsüber zusammen, fast jeden Tag. Ich teile Renate auch mit, wann ich an dem Tag Schluß habe und nach Hause komme. Dann bin ich schon enttäuscht, wenn sie nicht in der Wohnung ist. Muß ich auf sie warten, dann steht innerhalb von Sekunden der ganze Mangel im Raum. Ist natürlich verrückt zu verlangen, daß sie bei Fuß steht! Aber die Enttäuschung läßt sich dann doch nicht verhindern. Wir haben wenig Zeit, aber wenn dann Zeit ist, dann soll sie dasein. Was nicht bedeutet, daß wir in Ekstase geraten.

Ich bin dann einfach froh, wenn sie da ist und wir den restlichen Abend, die Nacht für uns gemeinsam haben. Das ist wie ein kostbarer Besitz.»

In einer Wohnung leben die beiden erst seit ein paar Jahren. Dem ging ein langer Prozeß des Kennenlernens und Erprobens voraus. Da waren die zwei getrennten Residenzen schon sehr wichtig, meint Renate. «Weil wir viele Jahre gebraucht haben, mit unseren Macken umgehen zu lernen, war das manchmal wichtig, daß ich allein sein konnte. Man muß sich für die Zweisamkeit ja auch eine Haut anschaffen. Es ist ohnehin die Crux der Frau, sich eher anzupassen. Männer haben die sturere Art, nicht mal explizit, sondern eher implizit. Ich jedenfalls habe das Gefühl gehabt, daß ich eher den Finger in die Wunde lege und sage: Das will ich nicht so, damit komme ich nicht zurecht, das geht nicht. Herauszufinden, warum der andere das so macht. Wenn man dafür offen ist, auf die Beweggründe zu gucken, die zu verstehen, dann kann man sich viel eher mit den Dingen arrangieren, die einen beeinträchtigen, die einen nerven. Das sind sehr lebenspraktische Dinge, wenn man sich eben zusammentut. Das Wissen um die eigene Rückzugsmöglichkeit war damals wichtig. Heute brauche ich das nicht mehr. Wir sind soviel alleine, in meinem Atelier bin ich viel alleine. Ich fühle mich auch gerundet.»

«Insofern läßt dir diese Beziehung, auch weil sie so ist, wie sie ist, diesen Raum, den du ja brauchst.»

«Das gilt auch für mich», ergänzt Till. «Damit es nicht so leidvoll klingt, wie wenig wir uns sehen: Es ist auch ein Vorteil, daß man immer wieder Zeiten hat, wo man ausschließlich seinen Kram auch ausführlich bis zu Ende machen kann, so daß in der Beziehung nicht das Gefühl auftaucht, da wird was verhindert. Es ist nicht nur negativ, wenn ich Wochenenden weg bin oder abends lange herumwühle. Man ist wirklich wieder neugierig.»

«Heißt das auch, daß diese Konzentration auf deine Arbeit da ist und du dich in den gemeinsamen Zeiten mehr auf Till konzentrieren kannst?» frage ich Renate.

«Ja», antwortet Renate. «Wobei das heute bewußter ist. Wir lassen uns Zeit, damit das nicht zu eng wird, das Einkaufen und das gemeinsame Frühstück. Wirklich auf uns konzentriert sind wir dann auch durch die äußere Situation, zum Beispiel im Restaurant. Dann reden wir. Das hat einen großen Stellenwert bekommen. Wir reden miteinander und sind ganz mit dem anderen. So etwas hat mehr Gewicht, als man erst einmal denkt. Ich will nicht sagen, daß da immer Probleme besprochen werden, aber es ist ein Berichten, ein sehr dichtes Beisammensein, es gibt immer viel Neues, bei jedem von uns.»

«Ihr habt also wohl einen gemeinsamen Lebensrhythmus, aber einen Rhythmus, der an keine Regeln gebunden ist, sondern jeweils an eure Arbeit. Und ihr habt gemeinsame Rituale, die aber auch nicht mit absoluter Regelmäßigkeit stattfinden können?»

«Ja», sagt Till, «es passiert sehr häufig, daß wir um siebzehn Uhr herumtelefonieren und beschließen, wir bleiben zu Hause, und um einundzwanzig Uhr ist es völlig anders. Das ist kein Bruch, es paßt zum Rhythmus.»

«Eine Form von Mobilität und Offenheit, zu gucken, wozu beide Lust haben...»

«Oder der eine gibt nach», ergänzt Renate, «wenn Till viele Tage im Büro zugebracht hat und kaum vor die Tür kommt und ich zeitweilig an drei verschiedenen Orten tätig bin, dann zanken wir uns nicht darüber, was wir tun wollen. Wer sich auf den anderen einstellt, ist auch verschieden.»

«Mein Eindruck ist, daß bei euch Kommunikation, sich austauschen, einen großen Stellenwert hat.»

«Wobei das heute besser geht, weil wir schon so lange zusammen sind und das nicht als ein prinzipieller Kampf gesehen wurde.»

«Würdest du denn sagen, daß diese Beziehung dem entspricht, was und wie du leben möchtest?»

«Ja», sagt Renate entschieden. «Das würde ich schon sagen. Klar, so ein Verliebtsein wie mit siebzehn, das würde ich auch noch gerne mit reinpacken, aber das sind ja völlig überhöhte Erwartungen. So wie wir miteinander umgehen können, das ist was unheimlich Tolles. Es ist ja auch ein Stück, sich das zu erarbeiten. Ich habe gelernt, Till auch. Vielleicht sind wir da klüger als andere Paare in der Beziehung. Es bedeutet auch ein Know-how, herauszufinden, was jeweils los ist, und eine Bereitschaft zu haben, sich zu arrangieren. Aber da die Freiräume, die wir uns gegenseitig lassen, so riesig sind, ist das vielleicht nicht so schwer. Wenn wir zwei Drittel des Tages miteinander verbringen würden, sähe die Sache wieder ganz anders aus.»

«Wie ist das bei dir mit dem Kinderwunsch?»

«So übel das vielleicht für mich als Frau ist», antwortet Renate nach einem kurzen Zögern, «sie waren nie drin in meinem ‹Nichtplan› von Leben, keine Vorstellungen, keine Hochzeit mit weißem Kleid. Als mitten in meinen Studienanfang eine Schwangerschaft reinplatzte, habe ich mich auch dagegen entschieden. Später ist mir mein Beruf so wichtig geworden. Selbständig und finanziell unabhängig sein. Ein Kind zu haben, Mutter zu sein, das wäre mir zuviel gewesen. Das schaffe ich nicht. Die Kunst würde ich nicht zurückstellen und die Unabhängigkeit auch nicht.»

«Du bist jetzt in einem Alter, wo sich die Frage entschieden hat.»

«Ja, aber ich habe mich furchtbar lange mit diesem fraulichen Verpflichtungsgefühl gequält. Alle zwei Jahre habe ich es immer wieder abgecheckt, versucht herauszufinden, ob Till vielleicht möchte. Will er einfach überrumpelt werden? Gut, man verhütet ja schon seit ewigen Zeiten, insofern wäre das ja ein bewußter Akt von mir. Okay, ich laß es mal drauf ankommen. Doch das habe ich dann eigentlich nicht gewollt. Ich hab auch nicht soviel Spaß an dieser Kleinfamilien-Existenzform. Vielleicht bin ich in dem Punkt zu egoistisch, aber dieses sich Kümmern…»

Julius und ich trinken Rotwein in seinem Atelier und überlegen, ob Picasso seinen Kindern die Windeln gewechselt hat. Oder ob Max Ernst seinem Sohn die Flasche gegeben hat. Bildnis des Künstlers als junger Vater?

Wir können uns auch nicht vorstellen, daß Kafka als Vater mit seiner Tochter Hinkekästchen spielen würde oder James Joyce seine Kinder beim Mensch-ärgere-dich-nicht gewinnen ließe.

Können wir uns Sartre mit einem krähenden Rotbäckchen auf dem Arm vorstellen, das mit seinen dicken Fäustchen Manuskriptseiten zerknüddelt? Oder Simone de Beauvoir, wie sie im Café sitzt und rosa Söckchen strickt?

«Ein Kind hätte gewiß die Bindung nicht verstärkt, die Sartre und mich zusammenhielt, ich wünschte mir keineswegs, daß Sartres Sein sich im Sein eines anderen spiegelte und verlängerte: er genügte sich und genügte mir. Ich genügte mir.» Immer noch ein Paradebeispiel der freien und selbstgewählten Beziehung.

Aber auch Julius kann sich ein Leben mit Kind nicht so richtig vorstellen: «Da sehe ich die jetzige Situation: Meine Lebenspartnerin und ich haben beide einen Job, sie ist sehr involviert in ihre Arbeit und hat ähnliche Vorstellungen, zur Zeit noch. Eine andere Beziehung war ähnlich, ich hatte mein Atelier und sie ihre Wohnung, aber das Problem war, daß da plötzlich Nachwuchs angesagt war. Dann ging für mich das Chaos los.»

«Willst du auch heute noch kein Kind?»

«Grundsätzlich ja. Ich habe keinen Ehrgeiz in diese Richtung. Angenommen, meine Lebenspartnerin hätte den Wunsch, dann würde ich mich damit auseinandersetzen und heute nicht unbedingt nein sagen. Ich wüßte nur nicht, was es wirklich bedeuten würde.»

«Vorstellungen, die über Zweisamkeit hinausgehen, hast du dir noch nie gemacht?»

«Nein. Nie. Es ist ja nicht so, daß man nie darüber redet. Es hört sich zwar lächerlich an, aber nehmen wir mal an, ich könnte mir mehr leisten, mehr Platz, Leute, und die Frau möchte Kinder haben, dann kann ich mir eher vorstellen, Kinder zu adoptieren. Und nicht zu knapp. Es gibt so viele Kinder, ich hab nichts gegen Kinder, bestimmt nicht. Ich hab nicht den Ehrgeiz, vielleicht ist das komisch, mich selber fortpflanzen zu müssen.»

«Was erscheint dir denn am schwierigsten, wenn du an ein Leben mit einem Kind denkst?»

«Ich hab nichts gegen Kinder», wiederholt Julius noch einmal, als hätte ich ihm das mit meiner Frage unterstellt, «ich bin aber auch nicht in Kinder vernarrt. Am liebsten mag ich sie, wenn sie so sechs, sieben, acht Jahre alt sind. Am abschreckendsten ist das, was ich um mich herum so sehe. Ich finde das ziemlich traurig, diese deutschen

Kleinfamilien mit den armen Kindern. Die können nichts dafür, aber ich finde das grauenvoll! Überladene Kinderzimmer, voller Spielzeug bis unter die Decke. Find ich wirklich erschreckend, wenn man zu Leuten kommt, mich haut's jedesmal um. Mit dem, was in einem Spielzimmer herumliegt, kannst du zehn Familien glücklich machen. Furchtbar! Abschreckend für mich. Und dann diese ständige erdrückende Obhut! Kinder, die auf der Straße spielen, sind meistens Ausländerkinder. Da hat man das Gefühl, die wachsen einigermaßen normal auf. Ich will das Schlüsselkind wirklich nicht romantisieren. Heute gibt es so eine perfide Art der Observation den Kindern gegenüber. Es ist keine Strenge da, es wird nicht geschlagen, aber sie werden so subtil observiert und sehr verwöhnt.»

Ich frage Julius nach seinen Beobachtungen. «Leiden die Beziehungen der Paare, die du kennst, eher unter diesen Kinderveranstaltungen, oder ist das eine Bereicherung?»

«Es wird soviel über die Kinder ausgehandelt, als seien sie teilweise ein Freizeitersatz. Anstatt die Kinder in Ruhe zu lassen, wird dann jeder Scheiß mit denen gemacht, Disneypark hier und Schwimmen da. Ich fragte einen Freund: Warum gehst du denn mit den Kids immer schwimmen? Laß die doch alleine schwimmen gehen. Kümmer dich doch mal um deine Sachen, du erwachsener Mensch. Laß die doch mal in Ruhe! Man sollte die Kinder viel mehr in Ruhe lassen, was nichts mit verwahrlosen lassen zu tun hat...

Aber sie sollten mal aus den Krallen der Eltern entlassen werden und sich in ihre eigene Welt begeben können.»

Wie Julius in seine. Seine Malerei. Was geht vor, die Beziehung oder die Arbeit?

«Da ist die Arbeit schon an erster Stelle. Obwohl das eine mit dem anderen zusammenhängt. Aber wenn man alleine ist, dann ist die Arbeit immer noch da. Dann ist die Arbeit Sieger.»

«Ist das nicht egoistisch, wenn du das in deinem Leben realisieren möchtest, was du dir vorstellst?»

«Es ist egoistisch und auch egozentrisch. Ich brauche Platz, klar. Ich weiß schon, das Leben mit Kindern wäre bestimmt eine Bereicherung. Ich glaube schon, daß ich das so erfahren würde, etwas Schönes, das ich noch nicht kenne. Aber ich vermisse es nicht und brauche die Erfahrung nicht so unbedingt. Leider weiß ich auch, daß ich bestimmt kein guter Vater wäre, dafür bin ich zu egoistisch, zu launisch, zu schnell. Ich wär zu streng. Ich würde die Kids überfordern. Vielleicht wäre ich genauso ein Arsch wie diese furchtbaren Säcke, unter denen ich früher gelitten habe. Nee, das wäre nichts. Und ich hätte immer ein schlechtes Gewissen. Ich dächte dann immer, du müßtest dich um das Kind kümmern...»

Nancy Mitford erzählt in ihrem Roman «Englische Liebschaften» (Frankfurt 1990) eine Geschichte, die ironisch enthüllt, wie ambivalent, wenn nicht sogar völlig unausgebildet der mütterliche «Kümmerertrieb» sein kann. Sie erteilt damit den automatischen Muttergefühlen eine spöttische Absage, eine böse anmutende Ehrlichkeit der frischen und der zukünftigen Mutter, die zu Besuch kommt: «Lindas Kind, ein Mädchen, kam im Mai zur Welt. Schon lange vorher war es Linda nicht gutgegangen, und die Geburt wurde für sie sehr, sehr schwer. Die Ärzte erklärten ihr, sie dürfe nie wieder ein Kind bekommen, sie würde es mit einiger Sicherheit nicht überleben. Linda (...) schien sich nichts daraus zu machen. Auch zeigte sie keinerlei Interesse an dem Kind, das sie gerade bekommen hatte. Sobald es gestattet war, machte ich ihr einen Besuch. Sie lag in einem Meer von rosafarbenen Rosen und sah aus wie eine Leiche. (...)

‹Wie soll sie denn heißen – wo ist sie überhaupt?›

‹Im Schwesternzimmer – es schreit. Moira, soviel ich weiß.›

‹Aber doch nicht Moira, Liebling, das ist ja unmöglich. So einen schrecklichen Namen habe ich noch nie gehört.›

‹Tony gefällt er, er hatte eine Schwester namens Moira, sie ist gestorben, und was glaubst du, was ich herausbekommen habe (nicht von ihm, von ihrer alten Nanny)? Sie starb, weil ihr, als sie vier Monate alt war, Majorie mit einem Hammer auf den Kopf geschlagen hat. Ist das nicht interessant? Und dann behaupten sie immer, wir seien eine unbeherrschte Familie – dabei hat selbst Pa nie jemanden ermordet...›

‹Trotzdem, ich verstehe nicht, wie du dem armen kleinen Ding einen solchen Namen anhängen kannst, das ist wirklich herzlos.›

‹Eigentlich nicht, wenn du es richtig bedenkst. Es muß sich zu einer Moira auswachsen, damit die Kroesigs es gern haben (die Menschen werden immer so, wie ihre Namen sind, habe ich festgestellt) – und sollen die Kroesigs es doch gern haben, denn, offen gestanden, ich mag es nicht.›

‹Linda, wie kannst du nur so boshaft sein, und überhaupt, du kannst doch gar nicht wissen, ob du sie magst oder nicht.›

‹O doch. Ich weiß immer sofort, ob ich jemanden mag, und Moira mag ich nicht, das ist alles.›»

Und als unsere Ich-Erzählerin dann das Baby zu sehen bekommt, macht der Anblick sie auch nicht gerade zur Gurre-gurre-Mami.

«Ich sah also hin, und es wurde mir, tief zwischen Rüschen und Spitzen, der übliche schauderhafte Anblick einer heulenden Orange mit schütterem dunklen Schopf zuteil.

‹Ist sie nicht süß?› fragte die Schwester. ‹Sehen Sie nur, ihre Händchen.›

Ein leichtes Grausen überkam mich:

‹Nun ja, ich weiß, es ist schrecklich von mir, aber so klein gefallen sie mir nicht besonders, in ein, zwei Jahren sieht sie bestimmt himmlisch aus.›

Das Gewimmer ging nun in ein Crescendo über, und das ganze Zimmer war von gräßlichem Geschrei erfüllt.

‹Armes Seelchen›, meinte Linda, ‹es muß sich gerade in einem Spiegel erblickt haben. Bringen Sie es weg, Schwester.›

Kinder sind für Linda langweilig, uninteressant.

Lindas Sehnsucht nach Liebe war ganz individuell, ganz auf ihre Person bezogen; die allumfassende Liebe zu denen, die arm, traurig und attraktiv waren, hatte für sie keinen Reiz, obwohl sie aufrichtig bemüht war, sich so etwas einzureden.»

Lindas Talent für die Liebe richtet sich immer nur auf einen Mann, jemanden, der sie wahrnimmt als Frau, dem sie ihre verschwenderische Liebe geben kann.

Natürlich hält die Literatur auch genug Bilder von Paaren bereit, die sich in der Zweisamkeit genügen und ihre Liebe ausleben. Paare, die ihr ganzes Leben auf die Liebe gebaut haben, wie Monsieur und

Madame Gornet. «Sie wissen, daß dies selten ist, deshalb pflegen sie ihre Beziehung, als ob sie eine Orchideensammlung wäre.

Er ist Lebensmittelhändler, sie ist Immobilienmaklerin. Sie trennen sich am Morgen und treffen sich am Abend wieder. Sie schließen den Laden, wenn sie Feierabend hat. Wenn sie früher Schluß macht, schließen sie früher. Wenn sie spät Schluß macht, schließen sie spät. Meistens ist es gegen sieben Uhr, halb acht, wenn sie das eiserne Gitter herunterlassen. Da er einen Feinkostladen betreibt und sie gerne essen, nehmen sie sich, sobald sie allein sind, was sie für ein gutes Abendessen brauchen. Sie verzichten auf nichts. Kaviar, Foie gras, geräucherten Lachs, Trüffel... Im Winter Wild und zu allen Jahreszeiten Gemüse und herrliches Obst, das in Seidenpapier verpackt geliefert wird...»

Liebesmahle, denen es an nichts fehlt. Eßfreuden, die satt machen und bereit für die Liebe:

«Jeden Abend sammeln sie mit lauten Rufen ihre Schätze. Sie genehmigen sich einen Bordeaux oder einen leichten Bourgogne dazu. Erst einmal im Nest, in der Höhle, im Schlupfwinkel, tun sie nichts anderes als sich lieben, essen, trinken, sprechen und schlafen. Immer im Schatten, im Halbschatten, im gedämpften Licht: Die Läden sind nie offen. Sie stehen früh auf, und montags, an ihrem freien Tag, dämmert es sehr oft schon abendlich, wenn sie aus dem Bett kommen. Sie haben sich tausend Liebkosungen zu geben, tausend Dinge zu erzählen. Sie kennen sich auswendig, sie wissen genau, wie sie sich Lust bereiten, sie haben nie genug. Bei ihm sind es vor allem die Brüste, die empfindlich sind, bei ihr sind es die Kniekehlen und zwischen den Zehen, sie hat durchsichtige Negligés, er Pyjamajacken aus Seide. Ihre Körper sind weder schön noch häßlich, doch es sind ihre Körper, und sie gefallen sich so, wie sie sind: Sie verstecken sich darin, sie verkriechen sich dort, sterben darin und werden darin geboren. Ihre Körper sind ihre Zufluchtsorte, ihr Paradies, ihre Wiegen, ihre Gräber, sie lassen sie genießen. Sie lieben ihre Körper völlig. Nichts, das von ihnen kommt, stößt sie ab, weder Schweiß noch Rotz, noch Eiter, noch Blut. Sie verbringen Stunden damit, sich gegenseitig die Haut zu reinigen, die Ohren zu säubern. Sie empfinden dabei ein langsames

Glück, das sie zum Schwitzen bringt, das sie überall naß macht, das sie mit einem lauen Saft einstreicht, der gut zu lecken ist.»

Madame und Monsieur erzählen sich die Geschichten des Tages, ihre Erlebnisse mit ihren Kunden, von deren Familienfesten und -katastrophen, von deren Kindern, Freunden, deren Hunden und Katzen. Denn all das haben die beiden nicht.

«Um sie herum bewegt sich alles, aber sie selbst sind wie die Erde, solide, schweigend, beständig, diskret, vertieft in die unzähligen Geheimnisse ihrer Liebe. Die Jahre vergehen, und ihr Gefallen, zusammenzusein, ist noch immer genauso stark. Sie sind unzertrennlich.»

Ein Wunschbild natürlich, das Marie Cardinal in ihrem Roman «So als wäre nichts gewesen» entwirft. Ein Traum, wahrscheinlich unmöglich zu leben. In einem Film, der ähnliches thematisiert, «Der Mann der Friseuse», bringt sich die Frau am Ende um: Nie wird sie ertragen können, daß dieser Zustand des umfassenden körperlichen und seelischen Einsseins sich ändern wird, daß die Liebe schwindet. Es scheint, als seien Paare mit Kindern mehr geerdet, mehr von dieser Welt. Vielleicht liegt das daran, daß wir leichter in Konventionen leben können als in Extremen. An all diesen intensiv gelebten Liebesbeziehungen sehen wir eines: das, woran es den Eltern oft mangelt, was sie bewußt oder unbewußt vernachlässigen. Als bedeute das Leben mit Kindern ein Ende eines Liebes-Eigenlebens, des Eigensinns, das Ende von Egozentrik und Egoismus. Es ist merkwürdig und denkenswert, daß die Kinderlosen die Realisierung ihrer Lebenspläne als egoistisch ansehen, während die Leute mit Kindern dieses altruistische Selbstbild und Image für sich reklamieren.

Ist die Liebe
noch zu retten?

Jeannes Kinder sind im Bett. Wenn sie
schlafen, wird sie zu ihrem Liebhaber gehen.
Inzwischen räumt sie das Haus auf. Bevor
sie ausgeht, wird sie die Telefonnummer
auf ein Blatt Papier schreiben, unter der die
Kinder sie erreichen können, für den Fall,
daß sie sie brauchen. Sie wird sie gut sichtbar
neben das Telefon legen. Wenn sie die Tür
zumacht, wird sie sich noch einmal fragen,
ob sie ihnen Bescheid sagen sollte, daß sie oft
in der Nacht ausgeht, während sie schlafen.
Es gibt Für und Wider.

Marie Cardinal:
So als wäre nichts gewesen

Conny hat sich von ihrem ersten Mann scheiden lassen. Ihre zwölf-
jährige Tochter Bea blieb bei ihr.

«Ich hatte ein Gefühl, als wäre ich plötzlich aus einem Eiskeller
rausgekommen. Ich habe mich wieder auf einen Mann einlassen können, und da bin ich wieder lebendig geworden. Gegen die Beziehung
zu Klaus habe ich mich am Anfang gesträubt. Es war wunderschön,
aber ich wollte keine neue Bindung. Dagegen habe ich mich mit Händen und Füßen gewehrt. Keine Zukunftsplanung! Das habe ich alles
abgelehnt.» Conny schmunzelt. «Klaus war geschickt und tat so, als
würde er das alles richtig finden. In Wirklichkeit ist er der Bindungs-
mensch und hat mich dann am Schluß doch gut eingefangen. Er hat
sich immer als Freiheit in Person dargestellt.»

«Was hat dich dann schließlich überzeugt?»

«Einmal die Erfahrung der Liebe, unserer Liebe, die hat mich überzeugt, weil ich nicht gewußt habe, daß das Liebe ist, was ich gefühlt
habe.»

«Was war das andere?»

135

«Diese Übereinstimmung, die möglich ist zwischen zwei Menschen. Was man in dem Moment empfindet, wenn man sagt, daß man sich liebt. Das kann ich überhaupt nicht beschreiben. Dazu gehört auch das Akzeptieren der Fremdheit des anderen. Beides: sich verstehen und trotzdem jemand anders sein lassen können, ganz anders. Das heißt, Harmonie anstreben und trotzdem sehen, daß jeder ein eigener Mensch ist und es auch bleiben darf, trotz der großen Nähe. Ein Phänomen, das ich nicht für möglich gehalten habe. Ich habe mich immer sehr vor Nähe gefürchtet, aber bei Klaus fühle ich mich aufgehoben und bleibe ich selbst. Ich werde nicht plötzlich Teil von ihm, ich bleibe ich selbst.»

«Ich kann mich erinnern, an eine Zeit, wo es für dich ganz schwierig war, wo du das Gefühl hattest, du wirst ausgesogen. Du hörtest auf zu existieren.»

«Da dachte ich noch, ich muß ganz für mich bleiben. Das habe ich als Jugendliche sehr geliebt, eine Form von Einsamkeit, die man wirklich nur ganz für sich haben kann. Das finde ich unheimlich befriedigend, dieses Alleinsein, sich frei fühlen. Das hatte ich gerade erst zurückerobert und sollte das wieder aufgeben in der Beziehung zu Klaus. Weil er in allem dabeisein wollte, in allem, was ich tat. Damit hatte ich Probleme.»

«Zum ersten Mal das absolute Zweisamkeitsprogramm, war's das, was du nicht kanntest?»

«Ja klar.»

«Machte dir das auch angst, daß du in Konflikt mit Beas Bedürfnissen gerätst?»

«Während meiner Ehe war das so, daß die Beziehung zwischen Bea und mir die stärkere war, emotional, und daß Bea immer vorging, was Dieter auch akzeptiert hat. Dann kam Klaus, und Klaus wollte die Nummer eins sein. Er war eifersüchtig auf viele Dinge, obwohl er das abstreiten würde. Auf das Projekt, in dem ich immer noch arbeitete, die vielen Beziehungen zu Menschen, die ich dadurch hatte. Aber mit Bea wurde es zu einem großen Konflikt. Wenn er da war, wollte er meine ungeteilte Aufmerksamkeit für sich. Habe ich gesagt: Nein, das Kind ist dran, ich will jetzt nicht, dann war er unglücklich. Umgekehrt war es für mich auch schwierig, denn ich wollte auch für ihn dasein. Den Konflikt habe ich nach und nach so gelöst, daß Bea nicht mehr in der ersten Reihe war. Das war bestimmt nicht einfach für sie: erst die Trennung ihrer Eltern und dann meine Hinwendung zu Klaus.»

«Du hast deine Priorität als Frau gesetzt, nicht als Mutter.»

«Intuitiv hielt ich das ohnehin für richtig. Auch, was ich Bea dadurch vorlebe: Nach der Scheidung habe ich angefangen, für mich selbst zu entscheiden, ein neues Leben angefangen. Ich habe ihr das auch erklärt. Ich habe ihr gesagt: Ich habe mich verliebt. Das war schon schwierig für sie in ihrem Alter. Dann hat sie erfahren, daß Klaus kein Typ ist, der sich verstecken läßt oder akzeptiert, wenn man Zärtlichkeit mit ihm verstecken will. Der hat das alles einfach gezeigt, und das war das beste, was mir passieren konnte. Ich war plötzlich vor meinem Kind eine Frau. Das ist schon was, eine liebende Frau. Das war eine neue Situation. Vorher habe ich das von mir aus nicht sichtbar gemacht, wenig angeboten, weil mir das ja auch so vorgelebt worden war.»

«Du hast dich dann auch eindeutig verhalten: Du bist die Frau, die diesen Mann liebt, das auch lebt und zeigt, auch im Alltag.»

«Plötzlich gab es einen, der wollte, daß ich auf ihn bezogen war. Irgendwann habe ich das akzeptiert. Jetzt genieße ich es, seine Frau zu sein. In dieser Anfangsphase forderte Klaus viel forcierter Beweise, daß ich eindeutig zu ihm stehe. Anderen zeigen, daß er der tollere Typ ist, der Mann an meiner Seite. In der Übergangszeit, ja, da hab ich es akzeptiert, weil ich wußte, daß er so gestrickt ist, und wenn ich will, dann kriege ich auch meine Portion an Zugehörigkeitsgefühl und -demonstration. Darüber haben wir uns lange auseinandergesetzt, wir beide: Dies Ideal, so wie du das kennst, das kann ich nicht leben. Als wir zusammengezogen sind, war das kein Thema mehr, insofern sage ich, ich bin daran gewachsen.

Irgendwann wollten wir zusammenbleiben, dann haben wir wirklich geplant, eine Wohnung zusammen genommen und wollten unser Leben weiter zusammen verbringen. Das erste Mal, daß ich eine Langzeitplanung mit einem anderen wage und offen mir und anderen gegenüber zugeben kann, daß ich eine gemeinsame Zukunft will. Sonst verhalte ich mich eigentlich immer indifferent, wer weiß, was irgendwann mal ist. Mit Klaus habe ich ein Haus gekauft. Wir sprechen darüber, daß wir da leben wollen, wenn wir alt sind. Früher habe ich so etwas als total verpönt empfunden.»

«Was charakterisiert eure Beziehung?»

«Das Gefühl der Zusammengehörigkeit. Angeboten hat er Nähe, und das hat mir extrem angst gemacht. Ich habe gelernt, bin durch diesen Prozeß gegangen, und er ist dageblieben, nicht weggelaufen.»

«Nähe bedeutet dann vor allem Nähe zu zweit, auch unter Ausschluß von Freunden, Clique und Kind?»

«Es war ein Prozeß, der mich in Angst und Schrecken versetzt hat. Zu sehen, daß jemand so anders ist und mich trotzdem will, festzustellen, daß ich das zulassen kann und dabei nicht ertrinke, am Ende ich selbst bin und daß das schön ist. Er hat mich gelassen, begleitet bei diesem Prozeß, mit viel Geduld. Nachdem nun diese Phase vorbei ist, geben wir uns gegenseitig viel Zeit, verbringen viel Zeit miteinander, lassen uns viel aufeinander ein. Was man dafür aufgibt, ist die Zeit, die man für sich hat oder für Freunde hat. Ich habe das Gefühl, daß das nicht richtig schlimm ist, es ist nichts, was ich als Verlust empfinde.»

«Für dich stimmt die Balance, du bist du selber, und du kommst mit deinen Bedürfnissen und Wünschen vor.»

«Das Interessante bei ihr war, daß sie in gewisser Weise fremd für mich war», sagt Klaus über seine erste Begegnung mit Conny. «Vieles an ihr, und gleichzeitig war vieles da, was ich kannte. Zum ersten Mal in meinem Leben hatte ich das Gefühl, da ist ein anderer Mensch, nicht so völlig auf Harmonie ausgerichtet, was ich auch sehr respektiere, was ich schön finde. Auch daß sie anders ist als ich und ich trotzdem das Gefühl habe, daß sie mich verstehen kann, weil sie bestimmte Dinge macht wie ich, so denkt wie ich. Ich fand das interessant, auch daß sie sich ihre Eigenheit bewahrt und nicht aufgibt.»

«Trotzdem existiert bei euch eine hohe Übereinstimmung, wie ihr euer Leben lebt.»

«Das bewegt sich immer, mal ist es der eine, der sich stärker entwikkelt, mal der andere. Wie ein Pendel. Wenn der eine Spielraum hat, hat er die Möglichkeit zur Entwicklung, sonst gibt's Streß, wenn's beide machen, gibt's viel Streß. Wir wissen, daß wir auch Kraft und Energie brauchen, die man durch Unterstützung bekommt.»

«Am Anfang gab's ja auch noch eine Tochter, bevor sie ins Internat ging.»

«O ja, das war kompliziert und auch völlig neu. Ich wußte nicht, wie ich damit umgehen sollte. Zuerst war Conny für mich da und dann ihre Tochter. Ich dachte, ich könnte damit umgehen. Wenn ich Conny liebe, dann würde ich ihre Tochter auch lieben können. Sie gehört dazu. Aber das war hochkompliziert, weil ich auch eifersüchtig war. Sie stellte zwar wenig Ansprüche, und ich hatte das Gefühl, sie kann uns akzeptieren, weil sie gesehen hat, daß Conny glücklich war. Diese Kraft, diese Liebe waren so stark, daß ich davon ausging, wir würden auch das überwinden.»

«Was waren denn problematische Situationen für dich?»

«Problematisch war das Gefühl, nicht die volle Zuwendung zu bekommen.»

«Du warst eifersüchtig auf die Zeit und die Aufmerksamkeit, die Bea von Conny wollte.»

«Es ist was anderes als bei gemeinsamen Kindern. Es ist ihre Tochter, da ist ein anderes Band, ich breche da rein, was alles hochkompliziert macht.»

«Hast du väterliche Funktionen übernommen?»

«Zuerst nicht, schließlich ist Dieter der Vater, sie haben das Kind zusammen. Ich habe mich mehr als der Partner von Conny gesehen. Ich mochte Bea sehr gerne, aber wir mußten erst eine Form der Verständigung finden. Ich mußte aufpassen, daß ich mich nicht zu sehr einmischte. Ich hatte kein Recht dazu, so habe ich das empfunden, und Conny hat sich auch so verhalten. Sie hat mir das so nicht gesagt, aber sie hat sich so verhalten.»

«Sie hatte die Mutterrolle, aber du nicht die Vaterrolle.»

«In dem Punkt waren die beiden stark gegenüber mir.»

«Mußtest du auf bestimmte Dinge verzichten?»

«Es war eher so, daß ich es manchmal genossen habe, Teil einer Familie zu sein. Wenn wir zu dritt waren, empfand ich sie als meine Tochter. Nur die Verantwortung für sie war dann wieder nicht da, entwickelte sich aber mit der Zeit.»

«Dennoch habt ihr eure Zweisamkeit sehr stark gelebt.»

«Ja. Das war schon so, daß ich das mehr eingefordert habe. Meine Wünsche mehr durchgesetzt habe. Ihr war das oft nicht so wichtig, sie hätte manchmal lieber allein mit Bea was gemacht. Das war so eine Dreiecksgeschichte, in der ich versucht habe, Conny auf meine Seite zu ziehen.»

«War dir das nicht genug, Leben zu zweit?»

«Wir erlebten schon sehr intensive Sachen. Ich hatte nicht das Gefühl, etwas zu verpassen oder zu vermissen, ich war schon zufrieden, ich war nicht unglücklich.»

«Hat Bea deinen eigenen Kinderwunsch kompensiert oder war der noch da?»

«Der ist später noch mal hochgekommen. Weil wir uns das gewünscht hätten, natürlich war ein Teil davon gelebt, aber es hat auch was gefehlt. Die Kleinkindphase, die man zusammen erlebt, ist etwas ganz anderes. Diese Zeit ist eigentlich Niemandsland für mich. Das finde ich sehr schade.»

«Was ist für dich Glück in einer Beziehung?»

«Glück ist das Gefühl, daß du so, wie du bist, wahrgenommen wirst, ohne Bewertung, und jemand dich wegen deiner Eigenheiten, deiner Verrücktheiten liebt. Eigentlich ganz einfach.»

«Das hat nichts mit der Erfüllung von Rollen oder von Vorstellungen von Ehe oder Familie zu tun?»

«Ich weiß nicht, inwieweit man allein davon schon geprägt ist, ohne daß man es weiß. Aber ich habe nicht das Gefühl, daß ich was erfüllen muß. Ich denke nur, daß ich eine Aufgabe im Leben habe, die ich für mich lösen muß: herauszufinden, was in mir ist, und das dann leben. Herausfinden, wohin ich will, und nicht dauernd dem hinterherrennen, von dem ich denke, das wird es schon sein. Herausfinden, was ich wichtig finde. So kannst du offen sein und interessante neue Dinge für dich selber entdecken.»

Ich frage Lea, die einstweilen allein lebt, ob wir die Männer mit Kindern gleich aus der Liste potentieller Lebensphasenpartner streichen sollen.

«Ich kann mir schon vorstellen, mit einem Mann zusammenzusein, der Kinder hat. Der müßte viel Humor besitzen, gibt es ja sehr selten, aber das ist für mich das allererotischste. Alltagskomik. Er müßte aber auch Toleranz und sehr viel Achtung vor meinen Bedürfnissen haben – und keine Angst vor Intimität.»

Pierre, trotz seines Namens kein Franzose, war Ende vierzig, als sein Sohn geboren wurde. Wir unterhalten uns darüber, wie sich in einer langjährigen Beziehung die erotische Spannung halten kann.

«Das hatte immer etwas mit dem Aufeinanderzugehen zu tun. Das alltägliche zärtliche Vorspiel. Nimmt man sich im Alltag wahr, oder nimmt man sich erst wahr, wenn man nebeneinander im Bett liegt? Wenn ich das Gefühl hatte, wir haben uns am Tag nicht wahrgenommen, dann hatte ich auch im Bett überhaupt nicht das Bedürfnis dazu. Das waren so Tage, an denen wir irgendwo hingegangen sind, etwas getrunken haben, geredet und dann irgendwann müde waren. Die Attraktion war die alltägliche Wahrnehmung, und wenn die nicht mehr stattfand, dann war etwas zu Ende. Wenn eine Frau spürt, daß ich nicht mehr in der Lage bin, im Alltag auf sie zuzugehen, dann möchte sie sich von mir trennen. Wenn ich das merke, wir reden darüber, und es hat trotzdem noch Sinn, wir finden den Weg zueinander, was mir auch schon passiert ist, so ist das wunderschön, dann geht das plötzlich wieder. Den Kopf haben wir nicht ganz umsonst auf den Schultern. Du denkst auch mit, fühlst nicht nur. Andererseits kann es passieren, daß genau in dem Moment, wenn du denkst, jetzt haben wir den Weg zueinander gefunden, ein anderer Mann in die Situation einbricht. Das, was uns vorher auseinanderdividiert hat, ist noch eine offene Wunde. Der andere kann ein Pflaster darüberlegen, und die Frau nimmt diese Möglichkeit auch wahr.»

«Das ist ja ein sehr umfassendes Erotikprogramm, wenn man sagt, das soll das ganze gemeinsame Leben umfassen. Erotik soll integriert sein, das ist ja nicht selbstverständlich.»

«Wir hatten keine Scheu, uns auch am Tag miteinander ins Bett zu legen, uns zu streicheln, anzufassen beim Abwaschen oder anderen Hausarbeiten. Die Begegnungen miteinander waren eingebunden in das Alltagsleben. Das ging über die Berührung, das waren nicht nur Worte.»

«Und das Zusammenleben mit Kind?»

«Wir waren noch keine drei Monate zusammen. Da wurde sie schwanger. Wir wußten noch nicht, ob wir ein Kind haben wollten. Und nun gleich die Entscheidung. Sollten wir oder nicht? Wir haben uns für dieses Kind entschieden, damit hatten wir so etwas geschaffen wie eine kleine Gemeinschaft. Einen geschlossenen Kreis. Ich bin dann sehr stark in dieses Familienleben eingestiegen. Sie hat auch einen freien Beruf, der sie aber sehr festnagelt. Also habe ich das Kind übernommen, und das bedeutete, wir hatten plötzlich so was wie eine richtige Ehe, was ich mir vorher nie habe vorstellen können.

Dann gab es erst mal diese Phase der Abgeschlossenheit. Außenkontakte brachen ab. Dann mit der Zeit, als das Kind zweieinhalb, drei war, wurden die Wege nach außen auf eine andere Weise wieder möglich. Es gab wieder gesellschaftliche Kontakte. Diese Chance, in meinem Alter mit einem Kind zu leben, mit allen Konsequenzen, habe ich bewußt gewollt. Dazu gehört natürlich auch, daß man nun nicht mehr zu zweit im Bett liegt, sondern zu dritt.

Ob das Kind dann zu einem Störenfried wird, das liegt ja an dir selber. Du weißt, das Kind wacht gegen zwei, drei nachts auf, es kann aber auch zwölf sein, kommt zu dir, will was von dir. Am Anfang bist du halt permanent beschäftigt. Mit Stillen und allem, was dazugehört. Dann kommt es auf dich an, ob du dich um acht vor die Glotze setzt, weil du fertig bist, bis zwölf Fernsehen guckst, dann ins Bett gehst und weißt, jetzt kommt gleich das Kind, oder um acht und dann bis zwölf Uhr Zeit für die Liebe hast.»

«Trotzdem wird es ja mit der Erotisierung des Alltags dann schwieriger.»

«Weil viele Bedürfnisse, die vorher aufgebaut waren, sich plötzlich nicht mehr erfüllen lassen: Der Alltag muß ganz anders organisiert werden; mit Gefühlen muß ganz anders umgegangen werden, die neue Situation erfordert eine andere Aufmerksamkeit. Da ist es plötzlich viel wichtiger, daß ich den Kontakt zu meiner Frau halte, indem ich ihr auch mal was mitbringe. Ich habe ja weniger Möglichkeiten, mit ihr alltägliche Berührung zu haben. Wir müssen uns also zeigen, daß wir uns wahrnehmen, daß wir da sind, das siehst du nicht nur an dem Kind, das uns beide will.

Ein Kind ist dann ein Verlust, wenn du die sich bietenden Möglichkeiten nicht voll wie einen Kosmos nimmst, wenn du glaubst, du hast immer nur kleine Teilchen in der Hand. Das läßt Unzufriedenheit wachsen. Nimmt man aber das, was möglich ist, ganz voll wahr, tut auch viel dafür, geht eben wirklich mal um acht ins Bett, beansprucht Zeit füreinander, redet miteinander, wird das Leben noch runder. Wenn nicht, stauen sich Aggressionen an. Auch das habe ich erlebt. Weil es eben nicht immer möglich ist, daß jemand, der den ganzen Tag schwer arbeitet, mit seinem Kopf immer gefordert ist, abends wirklich entspannen kann. Ich selber, wenn ich den ganzen Tag das Kind gehabt habe, bin abends fix und fertig, ich kam mir immer vor wie eine Mutter, fertig, ausgelaugt, nur durch die permanente Anstrengung, aufmerksam zu sein, daß nichts passiert.

Es hat was mit Realismus zu tun. Es gibt Dinge, die kannst du nicht ändern, es sei denn, du veränderst die gesamte Situation. Die könnte ich in meinem Fall verändern, wenn ich viel Geld hätte, dann würde ich sagen, okay, wir kaufen uns ein kleines Schloß, mit riesengroßen Zimmerfluchten, wo das Kind einen halben Tag braucht, um zu uns zu kommen...»

«Ist ein Kind der Liebe förderlich?» frage ich Judith.

«Ich denke schon», antwortet sie, «wenn beide ja dazu sagen, wenn beide versuchen, etwas von sich zu geben. Es bedeutet erhöhte Lebensqualität, eine Herausforderung. Zuerst mal steckst du ein. Aber von einem Kind kommt auch was zurück, was vieles wieder gutmacht. Wir beide kommen im Moment enorm zu kurz. Jeder für sich und zusammen. Nur, das tut uns verdammt gut. Ist schwer zu beschreiben. Es gibt eine Verbindlichkeit, die mir guttut. Kein Ausbrechen, zu wissen, wo man hingehört.»

«Eine Aufgabe haben?»

«Ja», sagt Judith. «Ich könnte mir auch eine andere Aufgabe vorstellen. Es ist eine neue Form unserer Beziehung mit Kind, eine neue Ebene. Es ist ein neues Leben. Trennen, das geht nicht mehr so schnell, wenn du ein Kind hast. Das Kind ist dann auch ein Kitt. Neue Verantwortung. Letzten Endes ist Liebe eine Machtsache. Braucht mir keiner zu sagen, daß Liebe nichts mit Macht zu tun hat. Liebe ist Macht. Im positiven wie im negativen Sinne. Ich habe sie ja nicht alleine, der andere hat sie ja genauso, sonst würde ich nicht so lange mit einem Menschen zusammensein. Ein Kind bedeutet Macht, auch für Frauen. Natürlich bindest du einen Mann an dich, selbst wenn du es nicht wahrhaben willst. Wir sind beide gebunden.

Beim Hochzeitstermin sind wir ja erst mal im Gefängnis gelandet anstatt auf dem Gericht. Wir haben die beiden Gebäude verwechselt. Wie symbolisch. Ehe als Gefängnis. Es ist nicht so einfach, da auszubrechen. Aber offenbar haben wir uns das ausgesucht, um erst mal noch zusammenzusein.»

Holger rüttelte schon einmal heftig an den Gitterstäben, indem er, erschreckt durch seine plötzliche Entthronung, eine ‹postnatale› Affäre anfing, die die Beziehung zu Judith fast zum Scheitern brachte. Und Judith, wieder nach dramatischen Eifersuchtsszenen, Judith lebt häuslich mit ihrem Kind und läßt sich verwöhnen.

Anja und Walter haben ihren Alltag bewußt anders organisiert. Ich frage Anja nach ihrer Alltagssituation mit Mann und Kindern.

«Wir wohnen wieder in einer Hausgemeinschaft, wo jede Familie ihre eigene Wohnung hat. Die Kinder haben einen großen Freiraum. Wir können abends immer weg. Nachmittags werden die Kinder gemeinsam betreut, sie können bei unseren Freunden sein, ich weiß dann, wo die sind. Insofern ist diese alltägliche Geschichte bei uns leichter, optimal organisiert.»

«Dann habt ihr sicher mehr Freiräume als eine hermetisch abgetrennt lebende Kleinfamilie?»

«Klar, obwohl wir nicht mehr so oft zu zweit sind. Aber abends unternehmen wir regelmäßig etwas zu zweit, was auch gutgeht. Oft aber nehmen wir uns als Gruppe wahr, zu viert. Ich könnte nicht sagen, ich sehne mich danach, was zu zweit zu machen, ich find's auch schön zu viert. Wir fahren ab und zu mal alleine weg, aber selten. Ich finde es auch schön, mit denen weg zu sein. Abends haben wir oft auch die Nase voll von den Kids, aber nicht unbedingt, weil wir uns am Ohrläppchen knabbern wollen. Dann müssen die akzeptieren, daß jetzt allgemeine Ruhe angesagt ist. Wenn wir abends weggehen, dann murren sie manchmal, aber es sind ja andere da, die auf sie aufpassen, und das müssen sie akzeptieren.»

«Hat eure Liebe gelitten?»

«Nein, es ist eine gute Situation. Das hat sicher auch unheimlich viel damit zu tun, daß ich nicht die Gelackmeierte bin. Also wenn Walter nichts machen würde, ich dagegen alles, ich zu kurz käme, das könnte ich gar nicht aushalten. Aber da Walter mehr als nötig tut, sind die Kinder für uns eine Bereicherung, etwas, was uns total zusammenschweißt, diese putzigen Kinder. Wenn die jetzt doof wären, wär es vielleicht was anderes, aber die sind unheimlich nett. Das ist etwas ganz Intensives. Du guckst die an und denkst, das sind gelungene Persönchen. Wenn sie mal richtig doof sind, dann kann es sein, daß du sagst, was haben wir da für Schreckschrauben in die Welt gesetzt. Aber grundsätzlich empfinde ich sie als eine unheimliche Bereicherung. Unter den genannten Vorbedingungen.»

«Als Resümee: Was ist die besondere neue Qualität durch die Kinder?»

«Durch die Kinder hast du ein gemeinsames Projekt. Es könnte auch etwas anderes sein, ein Hausbau oder so was. In unserem Fall sind es die Kinder. Das erzeugt eine ganz starke Gemeinsamkeit.»

«Irgendwann gehen die Kinder, haben ein eigenes Leben. Kannst du dir vorstellen, daß eure Beziehung das überlebt?»

«Weiß ich noch nicht. Ich denke manchmal, so wie es jetzt ist, ist es in dieser Lebensphase. Was danach geschieht, keine Ahnung. Ich denke nicht, wir sind dann nicht mehr zusammen, aber ich denke auch nicht, wir sind dann noch zwingend zusammen.»

«Es gibt Beziehungen, die haben ihr standing in sich, da sind Kinder eher sekundär.»

«Das ist bei uns fifty-fifty, halb die Beziehung und halb die Kinder, auch ganz stark das Leben mit den Kindern, in diesem Haus mit der anderen Familie. Und da wir auch ganz verschiedene Berufe haben, habe ich keine Ahnung, was passiert, wenn die Kinder aus dem Haus sind. Es kann sein, daß wir das wunderbar finden, es kann sein, daß uns dann etwas Entscheidendes fehlen wird. Kann sein, daß ich ein Bedürfnis habe, wegzufahren. Wir verstehen uns gut, aber manchmal hängen wir auch sehr daneben, aber durch diese gemeinsamen sechzehn Jahre kommen wir immer wieder auf die Beine. Nicht nur wegen der Kinder.

Ein wichtiger Indikator ist natürlich die Sexualität. Die ist eigentlich eher besser als schlechter geworden in dieser Zeit, ein gutes Zeichen. Es gibt auch immer mal Flauten. Gut, Sex findet auch nicht um zwölf auf dem Küchentisch statt, aber er findet statt.»

«Thema ist ja ‹Rettet die Liebe vor den Kindern...›»

«Für mich sind Dreh- und Angelpunkte die Bedingungen, unter denen man sich nicht selbst völlig versklavt. Als Frau und als Mann. Zum Beispiel nachbarschaftliche Beziehungen. Du kannst mal weggehen und jemand paßt auf deine Kinder auf. Das finde ich unverzichtbar. Ich kann mir das gar nicht anders vorstellen. Wenn ich wüßte, ich muß jeden Mittag um zwölf Essen kochen und jeden Abend zu Hause sein – ich würde irre! Nach drei Wochen spätestens.»

Könnte das verallgemeinernd bedeuten, daß im traditionellen Familienspiel die Liebe schlechte Karten hat, sie eher zum Scheitern verurteilt ist als in neuen Formen von Gemeinschaft?

«In meinen kühnsten Träumen habe ich mir nicht vorstellen können, daß das mit Simon und mir noch mal was werden könnte», sagt Franziska. «Als er immer noch was mit seiner früheren Freundin hatte und ich mich so hintergangen fühlte.»

Darauf stoßen wir mit unserem Prosecco an.

«Ich glaube», sagt Franziska, «er war paralysiert wegen der Schnelligkeit. Wenn du dann schwanger bist und hast das Kind im Bauch, fragst du dich als Frau nicht mehr, wäre ja eine nutzlose Frage, weil bei dir die Uhr läuft. Du kannst jetzt nicht mehr sagen: Ich bekomme jetzt einfach einen kleinen Elefanten, und den trage ich in zwanzig Monaten aus. Mein Bauch wurde zusehends dicker und Simon geschockter, der wußte gar nichts mehr, hat sich mit der Freundin in was reinverdröselt und war nicht glücklich, konnte sich nicht entscheiden, weil er sich von mir unter Druck gesetzt fühlte. Er fühlte sich noch seiner Freundin verpflichtet, hat sie bestimmt auch noch geliebt oder konnte das nicht so schnell beenden. Da war ich vielleicht auch ungerecht, daß ich ihm mein Tempo abverlangt habe.

Dieser Tiefpunkt ist ja nun schon zwei Jahre her, und seitdem hat es sich, ganz langsam zwar, aber kontinuierlich, verbessert. Alle unsere Streitpunkte, mit denen wir uns noch vor ein oder anderthalb Jahren die Nächte um die Ohren geschlagen haben, lassen sich viel schneller lösen, sind nicht mehr so exzessiv. Wir haben immer noch eine Liebesbeziehung, und das ist ja bei Paaren oft das Furchtbare: Sie haben ihren Sproß, und dann tritt da die große Langeweile ein, dieses Vater-Mutter-Kind-Syndrom, das haben wir nicht.»

«Wie kriegt ihr das denn hin?»

«Wir waren uns unserer nie sicher, auch nicht in der Situation, in der Paare völlig zusammenklitschen, als ich schwanger war. Wir haben immer so Liebesverhandlungen, sprechen darüber, was sich verbessert, was sich verändert hat. Wir lernen aus unseren Streitereien, auch dann, wenn es wieder hoch hergeht und ich kurz davor bin, ihn rauszuschmeißen, oder er wieder sagt: Ich gehe. Er war auch schon weg und nicht mehr gesehen. Heute geht er eine Stunde weg, ich bin noch aufgebracht. Aber er kommt auch wieder. Nicht mehr diese Exzesse, bei denen man tagelang nichts voneinander hörte, es wird weniger dramatisch. Gleichwohl noch spannungsgeladen, wir können uns immer noch gut streiten, weil wir bestimmte Sachen anders sehen, aber ich finde das auch sehr belebend für eine Beziehung. Es ist kein Friede-Freude-Eierkuchen-Ding, es ist manchmal sehr anstrengend, manchmal empfinde ich es auch als zu anstrengend mit Job, Kind und Mann, aber es ist für mich genau das richtige. Bei einem treuen, netten Schluffen, nach dem ich mich oft gesehnt habe, hätte ich irgendwann mit Sicherheit einen Liebhaber. Und mit Simon ist das die richtige Mischung, ich komme buchstäblich nicht auf abwegige Ideen. Simon ist letztendlich auch so erfüllend in vielerlei Hinsicht. Wir kennen uns jetzt schon dreieinhalb Jahre. Nach so einer Zeit hatte ich bei meinen früheren Geschichten häufig eine Affäre.»

«Bindet euch das Kind?» frage ich.

«Wenn ich Wut habe, sage ich: Wenn wir das Kind nicht hätten, wären wir gar nicht mehr zusammen. Aber ich glaube nicht, daß das stimmt. Ein Kind kann eine Beziehung nicht über einen längeren Zeitraum kitten. Also nicht wirklich, dann machen die sich was vor. Du kannst dich ja gar nicht so über ein Kind verständigen, daß sich die anderen Löcher nicht auftun würden. Dann kann ich nur sagen, das arme Kind. Ich sehe mein Kind als das konsequente Ergebnis von einer Liebe, Niklas ist da, und wir freuen uns beide über ihn. Er ist eher der Freudenquell für uns. Aber er ist nicht die Kittmasse. Ich bin ja auch allein mit ihm weg, weil wir Krach hatten, da wird das Kind nie vorgeschoben, das kann man gar nicht. Simon ist damit auch nicht erpreßbar. Ich hab das auch nie versucht, wenn wir Krach haben, zu drohen: Du kannst dann aber nicht mehr das Kind sehen! Ich weiß nicht, wenn es hart auf hart käme… Eigentlich haben wir uns darüber auch wieder angenähert. Zwar habe ich gesagt, ich will mit ihm nie wieder was zu tun haben, aber auch: Ich will, daß du der Vater für Niklas bist, und er soll das auch wissen. Die Probleme, die ich mit ihm habe, hat sein Sohn ja nicht mit ihm. Außerdem ist mir lieber, daß er seinen Vater kennenlernt, als daß er sich einen Traumvater phantasiert. Nun hat sich das eh anders entwickelt, weil er sich extrem viel um ihn kümmert, ein gutes Verhältnis zu ihm hat.»

«Was tust du für deine Beziehung zu Simon?»

«Ich glaube, so viel habe ich noch nie für eine Beziehung getan. Diese gekränkte Eitelkeit meinerseits, diese unsichere Anfangssituation auszuhalten, keine Flucht zum nächsten Mann, das fand ich für meine Geschichte schon ziemlich erstaunlich. Ich habe mich von Männern nie schlecht behandeln lassen. Das passierte zum ersten Mal bei ihm, daß ich da so lange durchgehalten habe. Auch so lange dran geglaubt habe, bestimmt ein halbes Jahr. Horror, ich schwanger und er völlig unschlüssig, und ich habe immer wieder eingelenkt.»

«Und wie ist das jetzt in eurem alltäglichen Zusammensein?»

«Was ich ihm gebe? Ich glaube, der hat relativ viel Spaß mit mir. Ich bin zwar auch sehr anstrengend, weil ich so oberneurotisch und hysterisch bin und so meine Anfälle habe, aber im großen und ganzen hat er viel Spaß mit mir. Was das Leben so angeht, wenn wir morgens wach werden und Zeit haben, dann liegen wir den ganzen Morgen mit dem Kind im Bett, krümeln das Bett voll, ich erzähle Witze, oder wir machen viele Sachen, die Spaß machen, auch so, daß er mal überrascht ist.»

«Schafft das eine neue erotische Qualität?»

«Ich glaube schon, daß er sehr auf mich steht. Da bin ich selber zum Teil ganz überrascht. Wir lernten uns kennen, da war ich direkt mal schwanger. Jetzt ist es sogar noch viel besser. Jetzt hat sich alles geklärt, nicht daß er bei mir denkt, jetzt wäre er lieber bei der anderen. Das ist nicht mehr der Punkt. Ich habe nicht mehr das Kind im Bauch. Für mich ist das ganz wichtig, wenn ich nicht mit dem Mann auch gerne schlafen würde, auch so richtig leidenschaftlich, wie am Anfang einer Liebe, wenn ich das nicht immer wieder hätte, wäre ich sehr unzufrieden und würde mir das woanders suchen. Diese Paare, die dann sagen, das ist nicht mehr so wichtig, wichtiger ist das Vertrauen und die Zärtlichkeit, ich glaube, die lügen sich eins in die Tasche.»

«Du sorgst auch selber für erotische Kicks?»

«Ich mache das nicht planvoll. Ich laufe oft tagelang schlunzig herum oder komm entsprechend vom Spielplatz mit dem Kind. Ich kaufe mir aber auch so ein Paar schöne halterlose Strümpfe. Und das erzähle ich Simon auch, und wenn er dann direkt sagt: Zieh die doch mal an, dann bring ich es auch fertig, zu diesen verdreckten Kinderschlunzklamotten diese Strümpfe anzuziehen. Das ist für mich eine gute Form, nicht Objekt zu sein, wie du das in Pornos siehst, so ausstaffierte Frauen. Aber in so einer Mischung macht mir das überhaupt nichts, solche Strümpfe anzuziehen, wenn der darauf steht. Ich finde das dann auch schön, aber nur in dieser spielerischen Mischung.

Ich habe auch sehr darauf geachtet, daß Niklas, sobald er abgestillt war, in seinem Zimmer schlief. Ich wußte, immer mit so einem klei-

nen Schnurgel im Bett wird die Sexualität anders, eher so mamipapi-
mäßig, immer nur im Dunkeln, wenn das Kind schläft…»

«Du bist nicht diesem Mütterlichkeitsgetüddel verfallen?»

«Ich krieg auf dem Spielplatz manchmal wirklich Anfälle und singe
insgeheim Loblieder auf die ehemalige DDR, weil es so absurd ist: Da
sind fünfundzwanzig kleine Bälger, und fünfundzwanzig Mütter
sitzen drumherum, da würden doch fünf Mütter genügen, und die
anderen könnten mal was anderes machen, mal mit ihren Männern
schlafen. Aber sie glucken da alle rum. Ich finde das schon klasse mit
Niklas und geh auch gerne mit auf den Spielplatz.»

Franziska und Simon wohnen nicht ständig zusammen.

«Simon hat seine Wohnung, ich meine. Er ist im Prinzip, wenn er
nicht gerade auf Tournee ist, fast jede Nacht hier. Ab und zu nicht,
wenn er sehr kaputt ist oder ich meine Ruhe haben will, er hat seinen
Alltagskram nicht hier: seine Arbeit, seine Fahrräder, seine 25 000
Gitarren.»

«Wie organisiert ihr euch im Alltag?»

«Wir haben keinen festen Plan, mal er, mal ich morgens das Kind
wickeln, aufstehen. Der erste holt ihn aus dem Bett, wickelt ihn,
macht Kaffee, und dann legen wir uns sowieso alle zusammen ins
Bett. Das geht abwechselnd.

Mir ist die absolute Unabhängigkeit wichtig. Wenn wir zusammen
sind, dann sind wir zusammen, weil wir zusammensein wollen, nicht,
weil wir eine gemeinsame Wohnung haben oder weil wir das Kind
zusammen haben oder weil wir wenig Geld haben und deshalb zusammensein müssen, das spielt alles keine Rolle. Wir sind zusammen, weil wir gern zusammen sind, weil wir uns so klasse streiten
können oder weil wir auch so gut miteinander schlafen können oder
so gern mit Niklas was zusammen machen. Ich glaube, das hält das
Ganze am Leben, länger als in einer gemeinsamen Wohnung, wo man
sich ständig sieht. In diesem Trott regst du dich über seine Socken auf,
dies und das. Auch was die ‹Kinderaufzucht› anbelangt, hat er im
Prinzip keine Verpflichtung. Ich muß mich mit ihm nicht darüber
streiten, warum er das Kind nicht pünktlich abgeholt hat. Das ist
auch so zermürbend für viele Beziehungen. Wo dann alles über das

Kind verhandelt wird. Zur Zeit ist alles so organisiert, wenn er morgen in einen tibetanischen Isolationstank verschwinden würde, dann liefe hier alles so weiter. Wir würden ihn natürlich sehr vermissen, der Liebeskummer würde nagen. Es würde aber nichts zusammenkrachen, weder finanziell noch mit Niklas.»

«Heißt aber auch, daß er nicht die klassische Vaterrolle übernommen hat, sondern du sagst, okay, wenn du willst, kannst du, sonst ist keine Verbindlichkeit für ihn da.»

«Ja, aber freiwillig ist Simon viel mehr Vater als viele Väter, die ich kenne, die ein unglaubliches Geld für die Kinder abdrücken, aber das ist auch alles. Er singt mit ihm, spielt ihm Lieder vor. Was der für eine Zeit mit ihm verbracht hat, läßt sich ja gar nicht in Geld messen. Aber er ist keiner dieser traditionellen Väter, die die Kinder nicht sehen, aber zahlen. Dafür bringt er Niklas ins Bett, wickelt ihn, badet ihn, das ist absolut gut, da reden wir gar nicht drüber, das macht mal er, mal ich, auch nachts. Als Niklas noch klein war, da hat Simon ihn nachts durch die Wohnung getragen. Aber er ist zu nichts verpflichtet im eigentlichen Sinne. Bei uns gibt es kein Gestreite darüber. Horror, wo dann die frustrierten Frauen, die zu Hause sitzen, ständig diese Stellvertreterfights mit den Männern ausfechten, warum die sich nicht genügend um das Kind kümmern, warum die nicht dies oder jenes machen...»

«Scheint mir das alte matriarchalische Prinzip, was sich wieder durchsetzt.»

«Das war wohl auch sehr klug von den Damen, das so zu machen», meint Franziska. «Die hatten ihre Kinder, und die Männer waren da oder eben nicht, aber die hatten nicht noch darüber die Fights, sondern wenn die Männer dawaren, haben sie das auch genossen, und die hätten im Ernstfall auch nichts anzumelden. Wenn ich sagen würde, ist nicht, dann wäre es eben nicht. Aber das will ich gar nicht. Das bereitet mir auch keinen Genuß. Ich finde Frauen, die den ganzen Frust wegen der nicht funktionierenden Beziehung auf den Kindesentzug abwälzen, ganz schrecklich. Eigentlich ist mein Leben matriarchalisch organisiert. Ich bezahle, ich regele den Alltag mit Niklas. Es ist schon so, daß Simon abends da ist, wenn ich frage, kannst du aufs Kind aufpassen. Aber wenn er nicht da wäre, würde das auch funktionieren. Stimmt wirklich, das ist modernes Matriarchat.»

Ich sitze mit Simon in einem ruhigen Eckcafé. «Niklas is one of the pleasures in my life», sagt Simon. «Das zu genießen, mit all diesen kindlichen Liebesbeweisen und Liebesabweisungen. Niklas ist einfach da. Oft ist er einfach da. Es ist schön zu wissen, daß es so was gibt. Es ist das, was man in der Liebe erreichen kann: einfach zusammen dasein. In spießigen ‹Lovermat›- und ‹Bauknecht›-Beziehungen kann man natürlich nicht einfach nur dasein. Ich glaube, es gibt eine Form der Ruhe, die man mit Kindern und von Kindern lernen kann. Wo man einfach dasitzt, auf dem Spielplatz, zu Hause, beide sind da, anwesend, und plötzlich ist was Drittes da, anwesend.»

«Bist du jetzt bei deinem zweiten Kind anders Vater?»

«Viel bewußter. Bei Micha war ich so jung, viel zu sehr damit beschäftigt, alles richtig zu machen. Jetzt kann ich es viel mehr genießen, daß Niklas einfach da ist. Die Sachen, die zu tun sind, mache ich mit links, das Wickeln usw. Überhaupt: den anderen genießen, und der andere genießt einen und läßt einen. Dieses ‹den anderen tun lassen›, das ist das schwierigste, was man in der Liebe realisieren muß. Ich bin überzeugt, daß alle anderen Beziehungen scheitern. Oder die Leute haben Spaß an den neurotischen Verknüpfungen, eine Neurose bedient die andere, und das bis ans Lebensende, und die Angst ist der Agent, der beide verklebt.»

«Statt der Erotik als belebende Kraft?»

«Ja, das ist eine Kraft. Wenn sie nicht fixiert ist und überdeterminiert. Jede Körperzone kann damit besetzt werden, wenn man sich irgendwann klar darüber wird, daß diese Besetzungen stattgefunden haben und wo die sitzen, und versucht, sie davon wegzunehmen und frei spielen zu lassen. Wenn man das schafft, dann ist alles erotisch, dann ist Alltag erotisch, wirklich, das ist nicht gesponnen. Dann ist plötzlich eine kleine Situation absolut erotisch. Auch Arbeit kann was unheimlich Erotisches sein.»

«Erotik ist wie eine Erinnerung an einen vollkommenen Zustand.»

«Es ertönt etwas von selbst. Man ist zusammen und trotzdem auseinander, und es ist dicht. Die Welt ist dicht. Das würde ich als Erotik bezeichnen. Stoned sein, ohne geraucht zu haben.»

«Dann ist Alltag auch nicht unterteilt…»

«Ich glaube, wenn man es schafft zu lassen, dann wird alles mehr oder weniger aufgeladen. Und Vergessen ist wichtig. True love tends to forget, singt Bob Dylan. Daß man Verletzungen, die einem der andere zugefügt hat, auch vergessen kann. Lernen, in einem guten Sinne zu vergessen, indem man die Verletzung durcharbeitet. Die Störer sind immer die frühen Verletzungen. Einer macht was, das einen an die Verletzungen von früher bei den ersten Liebespartnern erinnert. Ich glaube, wenn man das nicht durchgearbeitet hat, liegt man immer zu sechst im Bett. Das ist die geheime Bedeutung von Sex. Wenn man schafft, im guten Sinne zu vergessen, dann kann sich Eros ganz anders entfalten.»

«Was bedeutet das für die eigenen Kinder?»

«Daß sie so einen Wärmestrom spüren bei den Eltern, gehalten werden von so einem erotischen Strom, der sich auch auf sie bezieht, gleichzeitig, daß sie durch das ödipale Desaster, wir scheinen da durchgehen zu müssen, besser durchgehen können und es besser beenden können.»

«Was sind noch Störfaktoren in der Liebe?»

«Hysterie und Zwänge. Hysterie killt Eros, weil sie eine Fixierung auf Kleinigkeiten ist, ein schlechter Fetischismus, so daß ein Fließen von Eros keine Chance hat. Genauso Zwänge, wenn eine Frau sich fünfmal waschen muß, wenn man sich auszieht, die Hose richtig liegen muß und die Frau nur dann orgasmusfähig ist. Dann gibt's natürlich kleine Dinge, die nicht so offensichtlich sind. Wenn man um die weiß und sie nicht mehr so wichtig nimmt, wo soll's dann noch Gründe geben, daß sich da nicht eine Kraft entfaltet, die da ist und sich auch entfalten will?»

«Ist sexuelle Treue wichtig?»

«Sexuelle Treue ist was sehr Wichtiges, zusammen mit der Treue zu sich selbst und der Treue zu dem Innersten des anderen. Auch wenn es etwas anderes für einen ist, auch wenn man nicht auf dieser Schiene leben will. Wenn man den anderen liebt, muß man das andere in ihm auch lieben und zulassen können und dem treu sein, es fördern. Soviel wie möglich. Das Fremde in dem anderen bestärken. Ihm helfen, seine Eigenheiten zu leben. Liebe hat wirklich was mit Arbeit zu tun, nicht in diesem spießigen deutschen Sinne. Eine lustvolle Arbeit, und man muß viele Enttäuschungen, viele Verletzungen aushalten können, muß so souverän sein, oft verletzt zu werden und nicht abzuhauen. Dann fängt es an, daß man sich gegenseitig den Hof macht, einen Raum schafft, in dem sich leben läßt. Ich finde das sehr schön, jemandem den Hof zu machen, sich den Hof machen zu lassen.»

«Bist du optimistisch, was die Liebe anbelangt?»

«Ja», antwortet Simon, «aber es ist nicht leicht. Überhaupt nicht. Und wenn's funkt und glitzert, bin ich eher mißtrauisch, und wenn es einklinkt und einrastet, denke ich eher, Moment, da liegt etwas anderes in mir, von dem ich gar nix weiß. Aber wenn ich Leute treffe, bei denen ich spüre, da ist eine Form der Gelassenheit und trotzdem eine Nähe, eine ganz starke Form der Nähe, dann krieg ich wieder Mut und Optimismus, daß es doch auf dieser Welt zu bewerkstelligen ist. The thing called love… Man muß die Erfahrung machen, daß es kein Opfer ist, sich auch zu trennen, wenn es sein muß. Daß Eros sehr stark mit Trennung zu tun hat. Die Kunst der partiellen Trennung, nichts mit anderen haben, aber seine Sachen machen und dafür den eigenen Raum haben. Eros ist ein großer Scheidekünstler, und wenn man sich da nicht traut, entwickelt sich Eros nicht. Genausowenig, wenn du keine Nähe zuläßt, dann haut er auch ab.»

«Wenn es nicht mehr geht, wenn die Gefühle sich ändern, wenn die Liebe abhanden gekommen ist: endgültige Trennung. Was ist dann mit den Kindern?»

«Mit Kindern ist es wirklich schwer. Ich würde heute sagen, man sollte lieber mehr an sich arbeiten, jeder für sich, um einer Trennung zuvorzukommen. Ich glaube an den Satz von Freud: Es ist nicht das Objekt, das so wichtig ist, wie wir es immer nehmen, sondern es ist der Trieb. Wenn man an diesem Trieb arbeitet, der in Liebe mündet, dann ist das Objekt nicht so wichtig. Man fängt an, ein Liebender zu werden. Natürlich ist das Objekt nicht beliebig, aber es geht nicht nur um den einen oder die eine. Man kann große Schwierigkeiten überwinden, muß sich nicht trennen. Sicherlich ist es für die Kinder das beste, wenn man auf eine gute Art zusammen ist.»

«Das setzt eine sehr erwachsene und bewußte Haltung voraus.»

«Beziehungsweise daß man plötzlich wieder eine Ahnung davon bekommt, was es heißt, Kind zu sein. Die Liebe ist die Chance, daß man sich dieser Dinge wieder erinnert. Es geschieht eh in Liebesbeziehungen, daß diese Dinge explizit oder implizit thematisiert werden. Und die Frage ist, ob man die Chance wahrnimmt.»

Im Hintergrund höre ich Take Five, eine Musik, die mich sehr erinnert: an den Beginn einer großen Liebe und meiner ersten Ehe, aber auch an das böse und bittere Ende. Jetzt würde ich gerne eine von Simons Zigaretten rauchen.

«Ich glaube, daß die Liebe eine große Sammlerin ist und große Erinnerin und einen dann lehrt zu vergessen», sagt Simon lachend.

Macht das das Leben und die Liebe weniger anstrengend, frage ich Simon.

«Ich habe oft das Gefühl, daß man kompensiert, auch in der Liebe was scheinen will, weil man nicht diese Ruhe hat, mit Menschen zusammenzusein und zu sagen, jetzt warten wir mal. Statt dessen pusht man, eine Beziehung, Gedanken, ein künstlerisches Projekt. Man wartet nicht, was das Ding – called love – gebiert. Du brauchst eigentlich nur wach zu sein, es dir schön machen, es dem Gedanken schön machen, und dann entwickelt er sich von selber. Die Liebe hat eine Eigenbewegung, eine Eigenläufigkeit, auch diese biologischen Systeme haben eine Eigendynamik. Schon der wissenschaftliche Blick freezed sie, setzt sie fest, macht die Dinge zu Zeug, aber das Ding Ding sein lassen...»

«Und aufmerksam sein, wach bleiben...»

«Ja, und Eros machen lassen», führt Simon seine Gedanken fort.

«Das wär es, wenn man das mehr und öfter schaffen würde. Manchmal geschieht es ja einfach. Die meisten Menschen haben nicht mal ein Gefühl, ein Auge, ein Ohr dafür, daß es jetzt geschieht. Daß es jeden Moment geschehen kann, sondern sie inszenieren Momente, sie inszenieren sich in Liebesszenen, und es geschieht immer noch nicht das, was sie wollen.»

«Weil's nur äußerlich ist?»

«Und es ist gestemmt. Liebe kann man nicht stemmen. Das heißt nicht, daß man gar nichts tun kann. Wenn man nicht wach ist, kommt auch die Liebe nicht. Das Wachsein trainieren, meditieren. Manchmal denke ich auch, daß dieses Zusammenkommen von zwei Menschen ein musikalischer Prozeß ist, daß die Musik eine schöne Metaphorik ist.»

«Schwingung, Vibrations...»

«Lou Reed nennt das ‹when you're locked into the groove›. Weiterspielen und warten, bis der nächste Groove kommt. Irgendwann ist man so gut im Spiel miteinander, daß der Groove mehr oder weniger immer da ist.»

«Was spielen wir?» frage ich Simon. «Thema mit Variationen?»

«Viel Wiederholung. Ich finde Wiederholung unheimlich wichtig. Eine der wichtigsten Sachen im Leben und in der Liebe, daß man wiederholt, immer wiederholt, mit leichten Verschiebungen, daß leichte Variationen stattfinden, an denen man sich dann freut.»

«Keine Routine. Das wäre der Wiederholungszwang.»

«Aber die Wiederholung, immer wieder etwas üben, und plötzlich geht es einem so von der Hand, so vom Herzen...»

«Glück», fällt mir einer dieser Definitionsversuche ein, «Glück ist, etwas immer wieder tun zu können, was man sehr gerne tut.»

«Encore, encore», sagt Simon.

Da hat die Liebe einiges parat, an lustvollen Wiederholungen. Deshalb vergessen wir auch den alten Kummer, sobald wir eine neue Liebe leben können.

Gespräche über die Liebe. Nicht über das zeitgenössische Leiden an ihr, an all den Beziehungskrankheiten und -krisen. Nicht, um die Opfer nach der Schlacht der Geschlechter zu zählen, sondern um zu hören, was Frauen von Männern wollen und Männer von Frauen. Hören, welche unterschiedlichen Freuden und Genüsse sie voneinander erwarten und sich geben können, aber auch welche Verletzlichkeiten und Ängste sie haben. Hören vom Maß unserer Menschlichkeit.

Hören, was das Thema unserer Liebe ist; denn jede Liebe hat ein Thema: von Anfang an. Wie jede Liebe auch ihr Lied hat. Take Five oder ein anderes. Im Beginn einer Liebe ist schon alles enthalten.

Es ist erstaunlich, wie stumm und erstarrt viele Liebesbeziehungen sind, wie wenig miteinander ausgetauscht wird. Wozu aber taugt die Liebe, wenn man ihr keinen Ausdruck geben, sie nicht in Worte fassen oder besingen oder gemeinsame Liebesrituale und Zeremonien erfinden kann? Reden wir also miteinander.

Ein Einblick in die subjektiven Befindlichkeiten unserer Gesellschaft könnte einen Ansatz dafür bieten, den Krieg der Geschlechter zu einer konstruktiven Auseinandersetzung werden zu lassen, die nicht in der Zerstörung des anderen endet. Eine Auseinandersetzung, die das Fremde im anderen akzeptiert, fairer, sportiver, lustvoller sein könnte.

Erotik speist sich eben nicht aus Bedürftigkeit und Mangel, sondern aus Reichtum, Spontaneität, Überraschungen, Vielfalt und Neuartigkeit.

Und die Kinder dabei?

Wir sollten ihnen dankbar sein, meint Josef von Westfalen, und erklärt (in: «Warum ich Monarchist geworden bin», Zürich 1985), warum er trotzdem nichts gegen Kinder hat: «Sie sorgen dafür, daß man zu nichts kommt, und das ist gut so; denn das meiste, zu dem man kommen will, ist sowieso nicht der Mühe wert. Mit ihrem Geschrei, wenn es nur laut genug ist, verhindern sie die Karrieren ihrer Eltern, was kein Schaden ist. Sie sind laut, zerstörerisch und unordentlich und sorgen so für die Demontage der preußischen Begriffe von Ruhe und Ordnung, wofür ihnen höchster Dank gebührt. Sie machen alles kaputt, wenn man sie nur läßt, und auch das ist gut. Denn es macht uns großzügig und lehrt uns, daß wir nicht unser Herz an Albernheiten wie kostbare Vasen und Perlenketten hängen sollen. Sie zerreißen Bücher und nehmen uns die falsche Ehrfurcht vor dem gedruckten Wort. Sie kreischen in Schlössern und Museen und stören beflissene Kulturtouristen bei ihrer stillen Zwiesprache mit der Kunst. Sie sind voller Leben und weisen uns dennoch unsanft auf die Vergänglichkeit hin. Was will man mehr, kein Philosoph bringt das fertig. – Ach, wie schön das alles klingt, in friedlicher Nacht notiert, und wie gräßlich bitter schmeckt es am Tag.

Kinder verhindern mit ihren Forderungen ernsthafte Gespräche, die nie ein Ergebnis gebracht hätten, sowie Seitensprünge ihrer Eltern, die nur wieder zu ernsthaften Gesprächen führen würden.»

Was gegen Kinder spricht, spricht auch zuweilen für sie.

Liefern wir uns jetzt nicht die Generationenschlacht. Schauen wir, daß die Kinder ihre Liebesfähigkeit entwickeln können, jenseits der dummen Machtspiele. Jenseits auch unserer erwachsenen Kampfgebiete, so Kämpfe denn zuweilen unvermeidlich sind.

Lassen wir sie öfter mal in Ruhe Kind sein. Denn, so Margaret Mead: «Blutsverwandtschaft ist kein Grund für Vertraulichkeit.» Auch Kinder brauchen elternfreie Zonen – Bereiche ihres Lebens, in denen sie geschützt sind vor elterlicher Deutungs- und Interpretationswut, vor dieser allumfassenden Psychologisierung und Pädagogisierung des Lebens. Einen Raum, in dem sie spielen und träumen können, ausprobieren, was sie mit sich und ihrem Leben anstellen wollen. Auch selber erkunden können, was es mit Liebe und Sexualität auf sich hat, ohne daß wir Erwachsenen gleich mit der großen pseudoaufklärerischen Entzauberung aufwarten. Darin sind doch unsere Bedürfnisse und die der Kinder durchaus kompatibel. Wir alle brauchen «Freiräume» für unsere Innen- und Außenwelten.

Also retten wir nicht nur die Liebe vor den Kindern – retten wir auch die Kinder für die Liebe.

zu zweit

rororo sachbuch